essentials

Essentials liefern aktuelles Wissen in konzentrierter Form. Die Essenz dessen, worauf es als „State-of-the-Art" in der gegenwärtigen Fachdiskussion oder in der Praxis ankommt. Essentials informieren schnell, unkompliziert und verständlich.

- als Einführung in ein aktuelles Thema aus Ihrem Fachgebiet
- als Einstieg in ein für Sie noch unbekanntes Themenfeld
- als Einblick, um zum Thema mitreden zu können.

Die Bücher in elektronischer und gedruckter Form bringen das Expertenwissen von Springer-Fachautoren kompakt zur Darstellung. Sie sind besonders für die Nutzung als eBook auf Tablet-PCs, eBook-Readern und Smartphones geeignet.

Essentials: Wissensbausteine aus Wirtschaft und Gesellschaft, Medizin, Psychologie und Gesundheitsberufen, Technik und Naturwissenschaften. Von renommierten Autoren der Verlagsmarken Springer Gabler, Springer VS, Springer Medizin, Springer Spektrum, Springer Vieweg und Springer Psychologie.

Dunja Reulein

# Selbstmarketing für Bewerber

Wie Sie Ihr berufliches Profil schärfen und sich erfolgreich bewerben

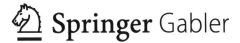

Dunja Reulein
München
Deutschland

ISSN 2197-6708                            ISSN 2197-6716 (electronic)
ISBN 978-3-658-07387-9                    ISBN 978-3-658-07388-6 (eBook)
DOI 10.1007/978-3-658-07388-6

Die Deutsche Nationalbibliothek verzeichnet diese Publikation in der Deutschen Nationalbiblio-
grafie; detaillierte bibliografische Daten sind im Internet über http://dnb.d-nb.de abrufbar.

Springer Gabler
© Springer Fachmedien Wiesbaden 2015

Gedruckt auf säurefreiem und chlorfrei gebleichtem Papier

Springer Gabler ist eine Marke von Springer DE. Springer DE ist Teil der Fachverlagsgruppe
Springer Science+Business Media

www.springer.de

# Was Sie in diesem Essential finden können

- Wie Sie Ihr berufliches Potenzial analysieren
- Wie Sie sich erfolgreich selbst vermarkten
- Wie Ihre Bewerbung zu einem Erfolg wird
- Wie Sie Ihre Bewerbungsunterlagen gestalten können
- Welche rechtlichen Fragen zu beachten sind

# Vorwort

Liebe Leserinnen und Leser,

den ersten Job nach dem Studium zu finden ist oft nicht leicht. Bei welchen Unternehmen und auf welche Stellen können Sie sich bewerben? In welchen Bereichen sind Sie kompetent und was passt eher nicht zu Ihnen? Was macht Sinn und was ist unnötiger Aufwand? Die Stärken-Schwächen-Profile und ausführlichen Kompetenz-Checklisten in diesem Essential werden Ihnen auf dem Weg zum Traumjob hilfreich sein und Ihnen wertvolle Unterstützung dabei bieten, sich überzeugend selbst zu vermarkten. Aber auch das Bewerbungsanschreiben, Ihren Lebenslauf und alternative Bewerbungswege über das Internet sollten Sie konzentriert und mit Sinn und Verstand angehen, damit Ihre neu entdeckten Stärken nicht durch Formalien zunichte gemacht werden. Hierbei gibt es einige Regeln zu beachten, die dieses Essential ausführlich und übersichtlich beschreibt.

Viel Erfolg für Ihre berufliche Zukunft wünscht Ihnen
Dunja Reulein

Dieses Essential ist ein Auszug aus dem Buch „Die überzeugende Bewerbung – Wie Sie sich erfolgreich selbst vermarkten" von Dunja Reulein und Elke Pohl, erschienen 2014 im Verlag Springer Gabler. Für die Veröffentlichung in der Reihe Essentials wurde der Text sorgfältig durchgesehen.

# Inhaltsverzeichnis

# Bewerbungsphilosophie

**1**

Die Arbeitsmarktsituation für Hochschulabsolventen in Deutschland stellt sich weiterhin gut dar. Die Akademisierung der Arbeitswelt lässt den Bedarf kontinuierlich steigen, und auch der demografische Wandel (Stichwort Fachkräftemangel) bringt zahlreiche offene Stellen für Nachwuchsakademiker mit sich. So sieht etwa die Studie Staufenbiel JobTrends Deutschland 2014 die Lage für Absolventen vieler Fachrichtungen in den nächsten fünf Jahren rosig, die befragten Unternehmen sind unabhängig von der gesuchten Fachrichtung bei der Einschätzung des Absolventenbedarfs optimistisch. Die meisten offenen Stellen gibt es aber derzeit für Wirtschaftswissenschaftler, gefolgt von den Ingenieuren. Dafür sorgt zum einen die boomende Industrie, zum anderen aber auch die demografische Entwicklung. Die Sorge vor dem Fachkräftemangel geht um und viele Unternehmen beziehen diese zukünftige Entwicklung schon jetzt in ihre Personalplanung mit ein. Ob Wirtschaftswissenschaftler, Ingenieure, Techniker, Naturwissenschaftler oder IT-Spezialisten – sie alle bleiben gefragt. Auch das durchschnittliche Einstiegsgehalt von fast 40.000 € jährlich bei Akademikern belegt: Die Einstiegschancen von akademischen Nachwuchskräften sind gut.

Doch obwohl ein Hochschulabschluss noch immer die beste Voraussetzung für einen erfolgreichen Start ins Berufsleben ist, darf man sich auf dieser Qualifikation nicht ausruhen. Es herrscht dennoch ein ständiger Wettbewerb mit anderen Absolventen. Grund genug, sich sowohl mit der Bewerbung als auch mit dem darauf folgenden Vorstellungsgespräch intensiv auseinanderzusetzen und einige Energie in die Vorbereitung zu investieren.

Um Ihr Ziel zu erreichen, müssen Sie aktiv werden. Das bedeutet, ausreichend Informationen einzuholen, die Bewerbungen gezielt zu versenden und sich auch auf Vorstellungsgespräche gut vorzubereiten. Die besten Voraussetzungen für Ihre Bewerbungsaktivitäten schaffen Sie, indem Sie Ihr Angebot erst einmal analysieren: Was kann ich (formale Ausbildung, sonstige Kenntnisse), was will ich?

© Springer Fachmedien Wiesbaden 2015
D. Reulein, *Selbstmarketing für Bewerber*, essentials,
DOI 10.1007/978-3-658-07388-6_1

Anschließend informieren Sie sich über die Erwartungen des Marktes (zum Beispiel durch die Analyse von Zeitungsanzeigen oder Stellenbörsen im Internet) und stellen diese Ihrem Angebot gegenüber. Nach diesen Vorarbeiten erstellen Sie Ihre Bewerbungsunterlagen und versenden sie.

## 1.1  Grundlagen des Selbstmarketing

Sie wollen den bestmöglichen Preis für Ihr Angebot, also Ihre Arbeitskraft, erzielen. Dazu müssen Sie sich über Ihre Stärken und Schwächen im Klaren sein, wissen, was der Markt verlangt, und sich dann so präsentieren, dass Ihr Angebot auf Interesse stößt.

Für viele Studenten mit durchaus vermarktbaren Eigenschaften ist das oft schwierig. Denn nach wie vor lernen die wenigsten Menschen (schon gar nicht im Studium), ihre positiven Eigenschaften deutlich hervorzuheben und sich ernsthaft mit ihrer eigenen Person auseinanderzusetzen. Selbstmarketing ist bei der Jobsuche jedoch unerlässlich.

Angenommen, Sie wollen Ihr gebrauchtes Auto verkaufen, und zwar zu einem möglichst guten Preis. Wie gehen Sie vor? Sie werden sich zuerst einen Überblick über den Markt verschaffen. Welche Autos sind gerade gefragt, welche Einflüsse bestimmen den Gebrauchtwagenmarkt etc.? Dann untersuchen Sie Ihr Auto auf Eigenschaften, die Sie in einem Verkaufsgespräch positiv hervorheben können. Gleichzeitig werden Sie aber auch die Schwächen Ihres Angebots in Augenschein nehmen. Vielleicht fahren Sie in eine Werkstatt und investieren noch einmal ein paar Euros, um die nötigsten Dinge reparieren zu lassen. Wahrscheinlich werden Sie Ihr Auto zumindest einer gründlichen Reinigung unterziehen, um potenziellen Käufern einen besseren Gesamteindruck zu vermitteln. Und für das Verkaufsgespräch werden Sie sich eine Verhandlungsstrategie zurechtlegen.

Entsprechende Überlegungen gelten auch für Ihre Stellensuche. Je besser Ihre Vorbereitung, desto besser sind Ihre Chancen, Ihren Traumberuf an Land zu ziehen. Spätestens, wenn Sie im Vorstellungsgespräch mit der berühmt-berüchtigten Frage „Welche sind Ihre fünf größten Stärken und Schwächen?" konfrontiert werden, macht sich Ihre Vorbereitung bezahlt. Und um zu diesem Vorstellungsgespräch überhaupt erst eingeladen zu werden, benötigen Sie überzeugende Bewerbungsunterlagen.

Wenn Sie sich bis dahin jedoch noch kein genaues Bild von Ihrer Persönlichkeit gemacht haben, wird Ihre Antwort nicht sehr überzeugend ausfallen. Schlimmstenfalls werden Sie Standardantworten aus Bewerbungsratgebern verwenden, von denen Sie annehmen, dass sie positiv klingen.

Doch Personalchefs sind auch nicht von gestern. Und wer den ganzen Tag mit Bewerbern zu tun hat, die ihm alle erklären, dass sie über große Durchsetzungskraft verfügen (Stärke) und mithin schnell ungeduldig werden (angeblich eine positive Schwäche, weil sie auch Motivation ausdrückt), wird diesem Einheitsbrei gegenüber irgendwann nicht mehr allzu viel Verständnis aufbringen. Und da Ihre Konkurrenten auch Bewerbungsratgeber lesen, werden Sie sich so nicht aus der Masse der Bewerber herausheben können.

> **Achtung** Sie müssen zu einer ausgewogenen Selbsteinschätzung gelangen. Das wird Ihnen am besten gelingen, wenn Sie ausreichend Informationen über sich selbst sammeln und diese bewerten. Diese Stärken-Schwächen-Analyse können Sie zum einen durch ein persönliches Brainstorming erreichen. Zum anderen sollten Sie auch Freunde und Bekannte nach deren (ehrlicher!) Einschätzung fragen, denn Sie werden auch im Bewerbungsgespräch mit einem Gesprächspartner konfrontiert, der Ihre Außenwirkung wahrnimmt. Gibt es Unstimmigkeiten zwischen Ihrem Selbstbild und der Einschätzung, die andere von Ihnen haben (Fremdbild), sollten Sie überlegen, wie diese Differenzen zustande gekommen sind, und Ihr Selbstbild eventuell korrigieren.

Folgende Fragen könnten Sie sich für Ihr Brainstorming stellen:

**Kontrollfragen**
- Was kann ich gut?
- Was kann ich weniger gut?
- Was würde ich gerne besser können?
- Welche Aufgaben erledige ich gerne?
- Warum ist das so?
- Welche Aufgaben sind mir zuwider?
- Was schätzen meine Kollegen/Kommilitonen an mir?
- Was mögen sie nicht an mir?
- Was sind meine Stärken?
- Was sind meine Schwächen?
- Welche besonderen Kompetenzen habe ich?
- Wofür wurde ich schon öfters gelobt?
- In welchen Situationen reagiere ich mit positiven Verhaltensweisen?
- Aus welchen Situationen kenne ich bestimmte Verhaltensweisen, die ich gerne ändern würde?
- Welche persönlichen Eigenschaften stören mich an mir selbst?

Denken Sie bei Ihren Stärken besonders auch an Eigenschaften, die Sie als selbstverständlich ansehen, denn wir alle neigen dazu, diese hin und wieder unter den
Tisch fallen zu lassen. Nicht jeder kann zum Beispiel seine Aufgaben gut struk-
turieren (etwa bei der Vorbereitung einer Prüfung), einen Zeitplan einhalten, eine
Veranstaltung souverän organisieren oder gut zuhören.

Anschließend sollten Sie sich überlegen, wie Sie Ihre Stärken überzeugend dar-
stellen (indem Sie Beispiele nennen) und auch kleinere Schwächen und Lücken im
Lebenslauf in ein positives Licht setzen bzw. zumindest erklären können.

Mit Schwächen sind beispielsweise fachliche Defizite und Lücken oder persönliche Schwächen wie Unsicherheit, Jähzorn oder Schwierigkeiten im Umgang mit
Kritik gemeint.

Natürlich werden Sie bei der Anführung Ihrer Schwächen im angebrachten
Rahmen bleiben und sich nicht unbedingt selbst ein Bein stellen. Sie beweisen
durch das Eingeständnis von Schwächen jedoch auch die Fähigkeit zur kritischen
Selbstanalyse. Zusätzlich können Sie durch die Untersuchung Ihrer Schwächen
wichtige Hinweise darauf erhalten, an welchen Eigenschaften Sie vielleicht noch
arbeiten sollten, um Ihre beruflichen Ziele zu erreichen. Im Vorstellungsgespräch
wird es einen sehr guten Eindruck machen, wenn Sie zusätzlich zur (diplomati-
schen) Nennung Ihrer Schwächen gleichzeitig angeben können, was Sie dagegen
unternehmen und wann Sie dies tun werden.

> **Tipp** Nutzen Sie die Bewerbungsphase dafür, aktiv an eventuell
> bestehenden Schwächen zu arbeiten, etwa durch Kurse oder Ähnliches.

## 1.2  Potenzialanalyse

Die sorgfältige Inventur Ihrer Fähigkeiten und Wünsche wird Sie vor zwei Enttäu-
schungen bewahren: sich auf eine Stelle beworben zu haben, der Sie nicht gerecht
werden und die Sie darum nicht erhalten, oder eine Stellung anzutreten, mit der Sie
letztendlich nicht zufrieden sind.

> **Achtung** Je gründlicher Sie Ihre persönlichen, fachlichen und beruf-
> lichen Qualifikationen und Ihre Zielsetzungen ermitteln, desto leichter
> fallen Ihnen im Anschluss die Abfassung Ihrer Bewerbungsunterlagen
> und die Präsentation im Vorstellungsgespräch.

Lassen Sie sich für Ihre Potenzialanalyse einige Tage Zeit und nehmen Sie sich Ihre
Aufzeichnungen immer wieder vor. Beantworten Sie die Fragen dann erneut und ergänzen Sie, was Ihnen inzwischen an Änderungen oder Ergänzungen eingefallen ist.

## 1.2.1   Persönliche Fähigkeiten

Wenn Sie die Stellenanzeigen der Tageszeitungen oder die Internet-Stellenbörsen studieren, stoßen Sie auf Begriffe wie Teamfähigkeit, Durchsetzungskraft, Belastbarkeit, Verhandlungsgeschick, Repräsentationsfähigkeit etc. Diese sogenannten persönlichen Fähigkeiten oder Soft Skills erzeugen bei den meisten Bewerbern den größten Unmut, da sie sich im Gegensatz zu den fachlichen und beruflichen Qualifikationen am wenigsten durch sachliche Fakten belegen lassen. Gerade deshalb sollten Sie jedoch auf die Analyse Ihrer Stärken und Schwächen in diesem Bereich den größten Wert legen.

Im Prinzip geht es um die Frage, was für ein Mensch Sie sind. Sind Sie eher optimistisch oder pessimistisch eingestellt, verbreiten Sie gute Laune, kann man sich auf Sie verlassen, wie arbeiten Sie, können Sie gut mit Kritik umgehen? Unter Soft Skills fallen im Allgemeinen die Eigenschaften:

- Psychische Belastbarkeit und Durchsetzungsvermögen,
- Leistungs- und Lernbereitschaft (Motivation, Fleiß, Ehrgeiz),
- Fähigkeit zur Bewältigung von Misserfolgen,
- Kontaktstärke (Umgangsformen, Höflichkeit, Redegewandtheit),
- Kreativität (Innovationsfähigkeit, Neugier),
- Unternehmerisches Denken (Urteilsvermögen),
- Risikobereitschaft,
- Kommunikationsfähigkeit (Offenheit),
- Kritik- und Konfliktfähigkeit,
- Teamfähigkeit (Kooperations- und Integrationsfähigkeit),
- Soziale Sensibilität (Menschenkenntnis, Mitgefühl),
- Strukturiertes, logisches und analytisches Denken,
- Konzeptionelle Fähigkeit,
- Organisationsfähigkeit und Zeitmanagement,
- Ganzheitliches Denken,
- Bereitschaft zur Selbstreflexion.

Die Checkliste (s. Abb. 1.1) enthält einige der in Stellenanzeigen und im Berufsleben gern geforderten persönlichen Fähigkeiten. Sie können sie um weitere Fähigkeiten ergänzen, die Ihnen wichtig sind. Schätzen Sie sich mithilfe der Ausprägungen von 1 (gering) bis 6 (sehr hoch) zuerst selbst ein und überlegen Sie anhand von Beispielen aus Ihrem Privatleben oder Studium, wie Sie diese Einschätzung etwa in einem Vorstellungsgespräch begründen könnten.

**CHECKLISTE**

**Persönliche Fähigkeiten**

| Persönliche Fähigkeiten | Ausprägung Sehr gering _____ Sehr hoch | | | | | | Begründung durch Beispiele |
|---|---|---|---|---|---|---|---|
| | 1 | 2 | 3 | 4 | 5 | 6 | |
| Motivation | | | | | | | |
| Kontaktfähigkeit | | | | | | | |
| Teamfähigkeit | | | | | | | |
| Selbstbewusstsein | | | | | | | |
| Durchsetzungsfähigkeit | | | | | | | |
| Repräsentationsfähigkeit | | | | | | | |
| Organisationstalent | | | | | | | |
| Zielstrebigkeit | | | | | | | |
| Kritikfähigkeit | | | | | | | |
| | | | | | | | |
| | | | | | | | |

**Abb. 1.1** Checkliste, Persönliche Fähigkeiten

Bitten Sie dann auch noch Freunde oder Bekannte, dieselbe Bewertung (möglichst ehrlich) vorzunehmen. Diese Fremdeinschätzung lässt ein etwas objektiveres Bild entstehen.

Beispiel: Wollen Sie Ihre hohe Belastbarkeit, die sich übrigens sowohl auf die psychische als auch die physische Verfassung bezieht, erklären, so könnten Sie ausführen, wie Sie in einer konkreten Prüfungssituation (starker Zeit- und Erfolgsdruck) reagiert haben.

Verwenden Sie nicht einfach die üblichen Schlagworte, sondern notieren Sie echte Beispiele aus Ihrem Leben. Wenn Sie Ihre persönlichen Fähigkeiten auf diese Art und Weise erst einmal schriftlich fixiert haben, wird es Ihnen leichter fallen, diese bei Ihrer Bewerbung zu belegen. Positiver Nebeneffekt: Ausgestattet mit diesem gedanklichen Grundgerüst entfällt ein wichtiger Grund für Nervosität im Vorstellungsgespräch. Sie müssen nicht mehr befürchten, auf eine Frage nicht antworten zu können (oder gar Antworten auswendig lernen), sondern können selbstsicher und authentisch auftreten.

Natürlich werden in unterschiedlichen Positionen verschiedene Soft Skills gefragt sein. Bei einer Vertriebsaufgabe etwa wird man sich für Ihre Kommunikationsfähigkeit, Ihr Durchsetzungsvermögen und Ihren Umgang mit Misserfolgen interessieren; in einer Verwaltungstätigkeit wird es eher auf strukturiertes und analytisches Denken, Organisationsfähigkeit, Zeitmanagement und Teamfähigkeit ankommen.

Apropos Teamfähigkeit: Wenn Sie sich fragen, wie Sie Ihre Teamfähigkeit begründen sollen, ist es gut zu wissen, dass diese sich im Prinzip aus den Soft Skills Kontaktfähigkeit, Durchsetzungsvermögen, soziale Sensibilität, Kommunikationsfähigkeit und Konflikt- und Kritikfähigkeit zusammensetzt. Wo liegen hier Ihre Fähigkeiten?

## 1.2.2 Fachliche Fähigkeiten

Die fachlichen Qualifikationen beziehen sich auf sämtliche relevante Kenntnisse, die Sie sich vor und während des Studiums angeeignet haben. Denken Sie auch an Kenntnisse, die Sie außerhalb Ihres Studiums, zum Beispiel in ehrenamtlichen Tätigkeiten oder durch Jobs, erworben haben. Überprüfen Sie anhand der Checkliste in Abb. 1.2, welche Daten und Unterlagen (Zeugnisse etc.) Sie für Ihre Bewerbung brauchen (können), und fassen Sie Ihre Analyse schriftlich zusammen.

> **Achtung** Berücksichtigen Sie wirklich alle Gebiete, in welchen Sie auf Stärken verweisen können. Das bedeutet nicht, dass Sie all diese Fähigkeiten bei jeder Bewerbung nennen müssen. Im Gegenteil, eine gute Bewerbung zeichnet sich dadurch aus, dass die auf die jeweiligen speziellen Anforderungen eingeht. Sie erhalten jedoch einen guten Überblick, um je nach Anforderungsprofil die passenden fachlichen Kenntnisse anführen zu können.

## 1.2.3 Berufliche Fähigkeiten

Selbst direkt nach dem Studium können die meisten Studenten gewisse praktische und berufliche Erfahrungen vorweisen. Berufliche Qualifikationen können Sie zum Beispiel in

- ehrenamtlichen Tätigkeiten,
- Praktika oder Werkstudententätigkeiten,
- Projekten während des Studiums oder
- Nebenjobs

CHECKLISTE

**Fachliche Fähigkeiten**

**Schulausbildung**

| Schultyp | Dauer | Abschluss |
|---|---|---|
| 1 | | |
| 2 | | |

**Hochschulausbildung**
Studienrichtung: _____
Universität/FH: _____
Dauer: _____
Schwerpunkt: _____
Sonstige Fächer: _____
Diplomarbeit: _____
Abschlussnote: _____
Promotion (Thema/Note): _____
Wissenschaftliche Nebentätigkeit: _____
Ergänzungsstudiengänge: _____
Abgebrochene Studienfächer: _____
Besondere Aktivitäten (zum Beispiel Studentenvertretung): _____

**Auslandsaufenthalte**

| Land | Dauer | Art des Aufenthalts |
|---|---|---|
| 1 | | |
| 2 | | |
| 3 | | |

**Zusatzausbildungen**

| Art | Dauer | Abschluss/Noten |
|---|---|---|
| 1 | | |
| 2 | | |

**Sprachen**

| Sprache | Sprachlevel |
|---|---|
| 1 | |
| 2 | |
| 3 | |

**EDV-Kenntnisse**

| Software/Programmierung | Anwendungslevel |
|---|---|
| 1 | |
| 2 | |
| 3 | |

**Sonstige besondere Kenntnisse**

| Kenntnisse | Anwendungslevel |
|---|---|
| 1 | |
| 2 | |
| 3 | |

**Mitarbeit in Vereinen/Organisationen**
1
2
3

**Jobs/Berufliche Tätigkeiten**
1
2
3

**Hobbys/Interessengebiete**
1
2
3

**Publikationen/Veröffentlichungen**
1
2
3

**Abb. 1.2** Checkliste, Fachliche Fähigkeiten

erworben haben. Oft ergeben sich zwischen den beruflichen und fachlichen Fähigkeiten Überschneidungen. Überlegen Sie sich trotzdem anhand der folgenden Checkliste, welche Ihrer Kenntnisse und Erfahrungen als beruflich gewertet werden könnten.

„Übersetzen" Sie Ihre Fähigkeiten für den Leser Ihrer Bewerbung oder den Gesprächspartner im Unternehmen, indem Sie sich überlegen, welche Kompetenzen, die Sie etwa als Bedienung in einer Studentenkneipe beweisen mussten, auch für die jetzt angestrebte Stelle wichtig sind: So haben Sie dort wahrscheinlich gelernt, unter Druck schnell zu arbeiten, den Überblick zu behalten, sich gut zu organisieren und mit den unterschiedlichsten Menschen umzugehen.

**Checkliste**
**Berufliche Fähigkeiten:**
- Welche beruflichen Tätigkeiten haben Sie vor, während oder nach Ihrem Studium ausgeübt? Notieren Sie auch Jobs wie zum Beispiel Taxifahren, Mitarbeit im Call-Center oder Kellnern.
- Welche privaten und ehrenamtlichen Tätigkeiten können Sie aufführen (Vereine, Fachschaft, Freundeskreis etc.)?
- Welche Praktika haben Sie während des Studiums absolviert?
- In welchem Unternehmen bzw. Unternehmensbereichen waren Sie schon tätig? Mit welchen Aufgaben wurden Sie schon betraut?
- Bei welchen Projekten haben Sie mitgearbeitet? Welche haben Sie eigenständig betreut und/oder zum Abschluss gebracht?
- Welche Ihrer Fähigkeiten konnten Sie dabei einbringen?
- Welche Probleme haben Sie gelöst?
- Konnten Sie spezielle eigene Ideen oder Vorschläge zur Problemlösung beisteuern?
- Welche Erfolge haben Sie erzielt?

## 1.2.4   Ihr persönliches Stärken-Schwächen-Profil

Nachdem Sie sich nun einen Überblick über Ihre persönlichen, fachlichen und beruflichen Fähigkeiten verschafft haben, können Sie Ihr individuelles Stärken-Schwächen-Profil erstellen (vgl. Abb. 1.3). Nehmen Sie alle für Sie (bzw. die angestrebte Stelle) wichtigen Kriterien auf und bewerten Sie auf einer Skala von 1 (gering) bis 6 (sehr hoch/gut), wie Sie sich, etwa im Vergleich zu Kommilitonen oder eventuellen Mitbewerbern, einschätzen.

CHECKLISTE

**Beispiel Stärken-Schwächen-Profil**

| Kenntnisse/Fähigkeiten | Ausprägung | | | | | |
|---|---|---|---|---|---|---|
|  | 1 | 2 | 3 | 4 | 5 | 6 |
| Hochschulstudium |  |  |  |  |  | X |
| Berufserfahrung |  | X |  |  |  |  |
| Auslandsaufenthalte |  |  |  | X |  |  |
| Selbstständige Projekte |  | X |  |  |  |  |
| Berufsbezogene Praktika |  |  |  |  | X |  |
| Teamfähigkeit |  |  |  | X |  |  |
| Englischkenntnisse |  |  |  |  |  | X |
| Französischkenntnisse |  | X |  |  |  |  |
| Kritikfähigkeit |  |  |  |  | X |  |
| Führungserfahrung | X |  |  |  |  |  |
| Einsatzbereitschaft |  |  |  |  |  | X |
| Mobilität |  |  |  |  |  | X |

**Abb. 1.3**  Checkliste, Beispiel Stärken-Schwächen-Profil

So würden Sie zum Beispiel ein Prädikatsexamen mit 6 (sehr gut) bewerten, Ihre Führungserfahrung mit 1 (sehr gering), wenn Sie noch keinerlei Führungstätigkeiten ausgeübt haben. Eine ähnliche Einschätzung haben Sie schon in der Checkliste „Persönliche Fähigkeiten" (Abb. 1.1) vorgenommen, hier fassen Sie nun alle relevanten Kriterien zusammen. Mit diesem Profil können Sie sich auch vor Ihren Vorstellungsgesprächen noch einmal einen kurzen Überblick verschaffen.

## 1.3  Erwartungsprofil

Sie haben Ihre Fähigkeiten ausreichend analysiert sowie schriftlich fixiert und wissen jetzt genau, was Sie zu bieten haben. Mit der Analyse Ihrer beruflichen Zielsetzungen sollten Sie sich nun mindestens genauso ausführlich beschäftigen.

▶  **Wichtig** Je klarer Sie sich darüber werden, welche Vorstellungen Sie von Ihrem Traumjob haben, desto wahrscheinlicher ist Ihr erfolgreicher Start ins Berufsleben.

Erstellen Sie Ihr persönliches Erwartungsprofil mit sämtlichen berufsbezogenen Kriterien und bewerten Sie diese in folgender Rangfolge:

- Müssen unbedingt erfüllt sein (1).
- Könnten als Pluspunkte dazukommen (2).
- Können vernachlässigt werden (3).

Die Checkliste in Abb. 1.4 gibt einige Anhaltspunkte, wie Sie Ihr persönliches Erwartungsprofil gestalten können. Nach erfolgter Gewichtung der Bedingungen erhalten Sie ein Bild Ihres idealen Arbeitsplatzes, mit dem Sie Jobangebote bewerten können.

> **Achtung** Es geht hier zunächst wirklich nur um Ihre ganz persön-
> lichen Erwartungen; Sie brauchen also (noch) keine Rücksicht darauf
> zu nehmen, inwieweit diese mit den Angeboten möglicher Arbeit-
> geber deckungsgleich sind. Schließen Sie also nicht von vornherein
> bestimmte Ziele aus, nur weil Sie Ihnen im Augenblick als schwer oder
> gar nicht realisierbar erscheinen – auch auf Umwegen erreicht so man-
> cher sein Ziel.

Anschließend sollten Sie die infragekommenden Unternehmen auf dem Arbeitsmarkt anhand Ihrer Analyse bewerten: Welche Unternehmen erfüllen die von Ihnen als wichtig eingestuften Kriterien? Informationen dazu erhalten Sie aus den unterschiedlichsten Quellen, so zum Beispiel

- Arbeitsamt,
- Industrie- und Handelskammern,
- Homepages der Unternehmen,
- (Rekrutierungs-)Messen und Veranstaltungen,
- Firmenbroschüren und Geschäftsberichte,
- Berufs- und Branchenverbände sowie
- Wirtschaftsnachrichten in überregionalen Medien.

Auch das Internet können Sie sowohl zur Informations- als auch zur Stellensuche nutzen.

**Nützliche Web-Links:**
- www.absolventa.de
- www.cesar.de

**CHECKLISTE**

**FachlichesErwartungsprofil**

**Einsatzgebiete**
EDV/Organisation _____
Forschung/Entwicklung, Marketing _____
Verkauf/Vertrieb _____

**Erwartungen an das Unternehmen**
Branche _____
Größe (Kleinbetrieb, internationales Unternehmen) _____
Gesellschaftsform _____
Ruf in der Branche _____
Expansions-/Wachstumschancen _____
Stellung auf dem Weltmarkt _____
Attraktivität der Produkte _____

**Erwartungen an die Unternehmens- und Führungskultur**
Führungsstil _____
Altersstruktur der Mitarbeiter _____
Mitarbeiterförderung _____
Teamarbeit _____
Betriebsklima _____
Soziale Leistungen _____
Arbeitszeiten _____
Urlaubszeiten _____

**Erwartungen an die Position**
Personalverantwortung _____
Projektverantwortung _____
Weiterbildungsmöglichkeiten _____
Aufstiegschancen _____
Einstiegsgehalt _____
Gehaltsentwicklung _____
Gewünschte Hierarchiestufe _____

**Erwartungen an die Rahmenbedingungen**
Ländliche Gegend/Großstadt _____
Geografische Lage (innerhalb Deutschlands/international) _____
Wohnungsmarkt _____
Kulturelles Umfeld _____
Anfahrtszeiten _____

**Abb. 1.4**  Checkliste, Erwartungsprofil

- www.computerwoche.de/karriere
- www.faz.net
- www.focus.de/finanzen/karriere
- www.handelsblatt.com
- www.manager-magazin.de
- www.sueddeutsche.de
- http://jobs.zeit.de

## 1.3.1 (Recruiting-)Messen und Veranstaltungen

Auf Veranstaltungen wie Jobmessen und Karrieretagen stellen sich Unternehmen mit dem Ziel vor, neue Mitarbeiter für sich zu gewinnen. Diese „Recruitingmessen" gibt es für verschiedene Zielgruppen (zum Beispiel Hochschulabsolventen), Branchen und Positionen. Nutzen Sie wenn möglich solche Anlässe, um sich an den Ständen über die verschiedenen Firmen und Jobangebote zu informieren, Material mitzunehmen oder auch erste Gespräche mit Unternehmensvertretern zu führen.

Auf Fach- und Besuchermessen sind oft Inhaber oder Personalmitarbeiter persönlich anwesend. Über Unternehmen aus Ihrer unmittelbaren Umgebung können Sie sich auf regionalen Wirtschaftstagen informieren, die von den Kammern veranstaltet werden.

▶ **Achtung** Bereiten Sie sich auf den Messebesuch gut vor, um Ihre Zeit möglichst sinnvoll nutzen zu können. Wählen Sie die Unternehmen aus, die Sie am meistens interessieren, und planen Sie den Tagesablauf. Bereiten Sie Bewerbungsunterlagen für die Firmen Ihrer Wahl vor – und ein paar neutrale Kurzbewerbungen für alle Fälle. Hat Ihnen ein Gesprächspartner den Namen einer Person im Unternehmen genannt, an die Sie sich wenden können, dann fragen Sie, ob Sie den Namen Ihrer Kontaktperson als Referenz nutzen dürfen, und lassen sich eventuell beide Namen buchstabieren.

## 1.3.2 Berufs- und Branchenverbände

Verbände vertreten einen Berufsstand oder eine bestimmte Branche; man wird Ihnen dort also weiterhelfen können, wenn Sie spezielle Informationen über deren Bereich oder Mitgliedsunternehmen brauchen. Letztere werden in Publikationen oder auf der Website des Verbandes aufgeführt und häufig auch kurz

porträtiert. Oft gibt es auch eine Plattform für freie Stellen oder Praktikums-
plätze. Vielleicht können Sie in einem Verbandsorgan sogar ein Stellengesuch
aufgeben.

## 1.4  Anforderungen des Marktes

Sie verfügen jetzt über ein ausführliches Dossier darüber, was Sie zu bieten haben und was Sie wollen. Ihr Angebot ist klar umrissen. Doch wie sieht es mit der
Nachfragerseite aus, in unserem Fall den einzelnen Unternehmen? Was erwarten
potenzielle Arbeitgeber von Ihnen?
      Die wichtigsten der geforderten Kompetenzen können Sie den Stellenanzeigen
entnehmen. Im Anzeigentext werden in der Regel die oben angesprochenen persönlichen Fähigkeiten, wie etwa Teamfähigkeit, kommunikative Fähigkeiten oder
Flexibilität, und die erwarteten fachlichen bzw. beruflichen Qualifikationen genannt. Hier sollten Sie zwischen Kann-Forderungen und Muss-Forderungen unter-
scheiden.
      Beim Studieren des Anzeigentextes werden Sie schnell erkennen, ob eine
Eigenschaft unbedingt gefordert wird oder nur ein Plus darstellt.
      Beispiele für Muss-Formulierungen sind:

• „Sie sind …"
• „Sie verfügen …"
• „Sie haben …"
• „…setzen wir voraus."

Beispiele für Kann-Formulierungen:

• „Sie haben nach Möglichkeit promoviert."
• „Idealerweise verfügen Sie über erste Berufserfahrungen."

## 1.4.1  Die Anzeigenanalyse

Welche Anforderungen stellt das Unternehmen an potenzielle Mitarbeiter, wie
stellt es sich selbst dar? Arbeiten Sie die wesentlichen Informationen heraus, um
dann in Ihrer Bewerbung darauf eingehen zu können.

CHECKLISTE

**Anforderungsprofil**

Ausbildung
Studium
Berufserfahrung
Führungserfahrung
Erfahrung im Projektmanagement
Besondere Fachkenntnisse
Mobilität
Einsatzbereitschaft
Persönliche Kompetenzen

**Abb. 1.5** Checkliste, Anforderungsprofil

Wenn Sie das Anforderungsprofil (s. Abb. 1.5) des Unternehmens mit Ihrer vorher erstellten Potenzialanalyse vergleichen, werden Sie schnell erkennen, ob Ihre Bewerbung Chancen hat.

> **Achtung** Trennen Sie bei der Untersuchung einer Stellenanzeige die erwarteten fachlichen und persönlichen Qualifikationen und versuchen Sie auch, aus der Selbstdarstellung des Unternehmens gewissen Anforderungen an die Mitarbeiter abzuleiten.

**Beispiele für Anzeigentexte**
- „innovative Lösungen, moderne Organisation" = Anforderung an die Mitarbeiter: zukunftsorientiertes Denken und Handeln.
- „mit dem Erreichten geben wir uns nicht zufrieden" = Anforderung an die Mitarbeiter: hohe Leistungsorientierung
- „überprüfen und verbessern laufend" = Anforderung an die Mitarbeiter: Lern- und Entwicklungsbereitschaft

Stimmt Ihre Potenzialanalyse mit der Anforderungsanalyse überein, so sollten Sie im nächsten Schritt überprüfen, ob das ebenfalls in der Stellenanzeige enthaltene Angebot bezüglich Unternehme, Aufgabe/Position, Entwicklungsmöglichkeiten etc. mit Ihrem Erwartungsprofil übereinstimmt. Überprüfen Sie auch, ob es sinnvoll ist, eventuell fehlende Kompetenzen zu erwerben. Überlegen Sie sich, welche Argumente für eine Einstellung sprechen. So erhalten Sie sowohl für Ihr Bewerbungsschreiben als auch für das Vorstellungsgespräch die wichtigsten Anhaltspunkte.

Vielleicht bemerken Sie in diesem Zusammenhang, dass Ihnen wichtige Informationen zur Bewertung des Angebots fehlen. Auch Stellenanzeigen sind in dieser Hinsicht durchaus nicht immer perfekt.

Ist das nicht möglich oder erhalten Sie auf diese Weise nicht die benötigten Informationen, können Sie auch beim Unternehmen selbst anrufen, sofern Sie sich eine klare Fragestellung zurechtgelegt haben. Das kann sogar ein Aufhänger sein, um mit den zuständigen Mitarbeitern in Kontakt zu kommen und einen guten ersten Eindruck zu hinterlassen. Notieren Sie sich in diesem Fall den Namen und die Funktion des Ansprechpartners für Ihre Bewerbung. Sie müssen allerdings damit rechnen, gleich einem kurzen TelefonInterview unterzogen zu werden.

> **Achtung** Sie sollten sich nur dann auf eine ausgeschriebene Stelle bewerben, wenn Ihr Angebots- und Erwartungsprofil zu mindestens 80 % mit dem in der Anzeige geforderten Profil übereinstimmt.

Lassen Sie sich andererseits aber auch nicht von Stellenanzeigen verunsichern, in denen die Anforderungen an den idealen Kandidaten so hoch gesetzt sind, dass sie vernünftigerweise kein Mensch erfüllen kann. Den frischgebackenen Diplom-Kaufmann mit langjähriger Berufserfahrung gibt es nun einmal nicht!

## 1.4.2  Sonderfall Chiffre-Anzeigen

Chiffre-Anzeigen werden meist geschaltet, um entweder

- Konkurrenten im Unklaren über personelle Erweiterungen/Veränderungen im Unternehmen zu lassen,
- dem momentanen Stelleninhaber nicht zu offenbaren, dass Ersatz für ihn gesucht wird, oder
- trotz eines nicht besonders guten Unternehmensimages möglichst viele Bewerber anzusprechen.

Folgendermaßen gehen Sie bei der Bewerbung vor: Verpacken Sie Ihre Unterlagen in einen Umschlag, schreiben Sie „Chiffre xyz" darauf, verschließen Sie ihn und stecken ihn dann in einen zweiten Umschlag. Auf diesen schreiben Sie die Anschrift der Zeitung, in welcher das Inserat erschienen ist, und wiederum den Vermerk „Chiffre xyz". Den äußeren Umschlag frankieren Sie und geben auf ihm

auch Ihren Absender an. Einen Sperrvermerk würden Sie gegebenenfalls auf bei-
den Umschlägen, und zwar auffällig, etwa in fett oder mit Leuchtstift markiert,
anbringen.

### 1.4.3  Sonderfall Personalberatung

Wie bei der Chiffre-Anzeige wissen Sie auch hier erst einmal nicht, für welches
Unternehmen der Personalberater einen neuen Mitarbeiter sucht. Die Gründe,
warum ein Personalberater eingeschaltet wird, können die gleichen wie bei der
Chiffre-Anzeige sein, manchmal delegieren Firmen aber auch gerne den gesamten
Arbeitsaufwand des Bewerbungsprozesses oder verfügen vielleicht in besonderen
Fällen (etwa wenn eine völlig neu geschaffene Stelle zu besetzen ist) nicht über das
notwendige fachliche Know-how der Bewerberauswahl.

▶    **Achtung** Das suchende Unternehmen bezahlt für diese Dienstleis-
     tung, Ihnen dürfen bei seriösen Beratern keine Kosten entstehen.

Personalberater können mittels geschalteten Anzeigen in Erscheinung treten oder
sie rufen Kandidaten nach einer vorhergehenden Recherche direkt am Arbeitsplatz
an (das sogenannte Headhunting). Letzteres wird bei Ihnen als Berufsanfänger also
kaum infrage kommen.

Eine Bewerbung an einen Personalberater gestalten und formulieren Sie im
Prinzip genauso wie eine Bewerbung an ein suchendes Unternehmen, nur dass
eben aus offensichtlichen Gründen die entsprechende Personalisierung entfällt.

Der Personalberater wird die Vorauswahl der eingehenden Bewerbungen vor-
nehmen und meist auch das erste Vorstellungsgespräch führen, um zu sondieren,
ob Ihre Fähigkeiten und Persönlichkeit mit dem vom Unternehmen gewünschten
Profil übereinstimmen. Verlief dieses erfolgreich, werden Sie in einer zweiten
Runde mit den Unternehmensvertretern in Kontakt kommen.

Sie können die Adressen (und manchmal Branchenschwerpunkte) von Perso-
nalberatern im Internet, Branchenverzeichnis oder in Handbüchern der Personal-
beratungen recherchieren und dort nachfragen, ob Interesse an Ihren Unterlagen
besteht. Im Zweifelsfall wird man Ihre Bewerbung archivieren und im Bedarfsfall
auf Sie zukommen. Allerdings sollten Sie die Erfolgsaussichten nicht allzu hoch
einschätzen, da Personalberater tendenziell eher mit Suchaufträgen für Kandidaten
mit spezifischer Berufserfahrung beauftragt werden.

## 1.4.4   Das allgemeine Gleichbehandlungsgesetz (AGG)

Seit dem 18.08.2006 ist das Allgemeine Gleichbehandlungsgesetz (AGG, um-
gangssprachlich auch Antidiskriminierungsgesetz genannt) in Kraft. Das Gesetz
setzt Richtlinien der EU um, generell sollen damit Benachteiligungen vielfacher
Art verhindert und beseitigt werden, auch solche in der Einstellungspraxis von
Unternehmen.
Gründe für die Benachteiligung können sein:

• Rasse,
• Ethnische Herkunft,
• Geschlecht,
• Religion und Weltanschauung,
• Behinderung,
• Alter,
• Sexuelle Identität.

Benachteiligungen aus den oben genannten Gründen in Bezug auf

• die Bedingungen, einschließlich Auswahlkriterien und Einstellungsbedingun-
  gen, für den Zugang zu unselbständiger und selbständiger Erwerbstätigkeit,
  unabhängig vom Tätigkeitsfeld und beruflicher Position, sowie für den beruflichen Aufstieg,
• die Beschäftigungs- und Arbeitsbedingungen einschließlich Arbeitsentgelt und
  Entlassungsbedingungen, insbesondere in individual- und kollektivrechtlichen
  Vereinbarungen und Maßnahmen bei der Durchführung und Beendigung eines
  Beschäftigungsverhältnisses sowie beim beruflichen Aufstieg,
• den Zugang zu allen Formen und allen Ebenen der Berufsberatung, der Be-
  rufsbildung einschließlich der Berufsausbildung, der beruflichen Weiterbildung
  und der Umschulung sowie der praktischen Berufserfahrung,
• die Mitgliedschaft und Mitwirkung in einer Beschäftigten- oder Arbeitgeber-
  vereinigung oder einer Vereinigung, deren Mitglieder einer bestimmten Berufs-
  gruppe angehören, einschließlich der Inanspruchnahme der Leistungen solcher
  Vereinigungen,
• den Sozialschutz, einschließlich der sozialen Sicherheit und der Gesundheits-
  dienste,
• die sozialen Vergünstigungen,
• die Bildung,
• den Zugang zu und die Versorgung mit Gütern und Dienstleistungen, die der
  Öffentlichkeit zur Verfügung stehen, einschließlich von Wohnraum

sollen durch das Gesetz vermieden werden.

Die von manchen Experten vorab vermutete Klagewelle von abgewiesenen Bewerbern blieb bis jetzt offenbar aus.

Laut Kritikern ist ein Manko des Gesetzes, dass oft unbestimmte Begriffe verwendet werden. Es wird sich also erst im Verlauf der nächsten Jahre in unterschiedlichen Klageverfahren zeigen, wie die Richter die einzelnen Bestimmungen interpretieren. Bis jetzt ist es in Deutschland jedoch nicht zu exorbitanten Schadensersatzverpflichtungen gekommen (wie etwa in den Vereinigten Staaten).

Inwieweit Sie bei der Bewerbung von Ihren neuen Rechten Gebrauch machen möchten, können nur Sie selbst entscheiden. Soweit Sie nicht wirklich dringende Gründe haben, bestimmte Informationen nicht preiszugeben, scheint zumindest zurzeit noch die Abgabe einer herkömmlichen Bewerbung eher empfehlenswert.

**Die Auswirkungen auf Stellenanzeigen** Unprofessionell formulierte Anzeigen dürften seltener werden. Denn Arbeitgeber müssen nun schon bei der Ansprache und Auswahl neuer möglicher Arbeitnehmer auf den Schutz vor Benachteiligungen achten.

Ein Satz wie „Junger dynamischer Mitarbeiter bis 35 gesucht" würde zum Beispiel ältere weibliche Arbeitnehmerinnen diskriminieren und dürfte nur dann verwendet werden, wenn älteren Frauen diese Tätigkeit unter keinen Umständen zugemutet werden kann. Auch die Suche nach einem „Muttersprachler" könnte im Prinzip eine mittelbare Benachteiligung wegen der ethnischen Herkunft bedeuten.

Sie werden also öfter auf neutral formulierte Stellenausschreibungen stoßen. Insbesondere werden eher geschlechtsneutral formulierte Tätigkeitsbezeichnungen und fehlende Altersbeschränkungen die Anzeigen in Zukunft kennzeichnen.

▶ **Achtung** Aber auch hier gibt es Ausnahmen von der Regel, denn nicht jede unterschiedliche Behandlung ist eine verbotene Benachteiligung. So können weiterhin bestimmte Gruppen als Bewerber ausgeschlossen werden, wenn dafür ein sachlicher Grund vorliegt. Es kann also eine für die Tätigkeit erforderliche Berufserfahrung gefordert werden oder entsprechende Qualifikationen wie Fremdsprachenkenntnisse.

Als Nachteil könnte sich erweisen, dass aus den Stellenangeboten in Zukunft vielleicht nicht mehr klar hervorgeht, welche Arbeitskraft für eine bestimmte Tätigkeit eigentlich gesucht wird. Sie können versuchen, durch einen Anruf beim Unternehmen mehr in Erfahrung zu bringen, müssen aber auch hier damit rechnen, keine eindeutigen Angaben mehr zu erhalten.

**Die Auswirkungen auf Ihre Bewerbungsunterlagen** Theoretisch müsste eine vollständige Bewerbung zukünftig ohne Angaben zu Alter, Geschlecht, Geburtsort und Familienstand sowie ohne Bewerbungsfoto akzeptiert werden. Manche Angaben lassen sich aus den Bewerbungsunterlagen erschließen, wie etwa das ungefähre Alter aus den Stationen des Lebenslaufs oder das Geschlecht oft aus dem Vornamen. Das Bewerbungsfoto könnte allerdings im Lauf der Zeit, wie im übrigen Europa, zu einer freiwilligen Anlage werden.

**Die Auswirkungen auf das Vorstellungsgespräch** Es ist davon auszugehen, dass Vier-Augen-Gespräche weitgehend der Vergangenheit angehören werden, da sich der Unternehmensvertreter durch einen weiteren Mitarbeiter als Zeugen absichern wird. Vielfach werden die Bewerbungsgespräche genau protokolliert werden, um späteren Beanstandungen von Bewerbern entgegentreten zu können. Und auch die gestellten Fragen werden sich ändern, um nicht den Verdacht aufkommen zu lassen, eine Benachteiligung im Sinne des AGG zu begründen (also etwa Fragen zum persönlichen und privaten Hintergrund oder zur Familienplanung).

Abzuwarten bleibt auch, ob Unternehmen überhaupt noch bereit sein werden, Feedback zum Bewerbungsgespräch oder eventuellen Absagen zu geben. Sie könnten sich dadurch im Sinne des AGG angreifbar machen. Leider bedeutet das für Sie als Bewerber in Zukunft noch weniger Orientierung, warum es nicht geklappt hat.

Um sich vor Schadensersatzansprüchen zu schützen, müssen Unternehmen das gesamte Bewerbungs- und Einstellungsverfahren sorgfältig dokumentieren, also Bewerbungsmappen einschließlich aller Notizen über Gespräche, Telefonate und Interviews und eventueller Absagen aufbewahren.

**Wann können Sie sich wehren?** Als Bewerber können Sie klagen, wenn Sie Indizien dafür haben, wegen Ihres Alters, Ihrer Rasse, Ihrer ethnischen Herkunft, Ihres Geschlechts, Ihrer Religion oder Weltanschauung, einer Behinderung oder Ihrer sexuellen Identität nicht eingestellt worden zu sein.

Hinweise darauf könnten unzulässige Formulierungen im Stellengesuch, abwertende Bemerkungen während des Vorstellungsgesprächs oder unzulässige Fragen im Personalfragebogen sein.

Wer aufgrund einer Diskriminierung als Bewerber abgelehnt worden ist, kann den Arbeitgeber auf Schadensersatz verklagen, dazu muss jedoch eine schuldhafte, das heißt vorsätzliche oder fahrlässige Pflichtverletzung nachgewiesen werden. In der aktuellen Fassung des AGG ist der Anspruch auf drei Monatsgehälter der potenziellen Stelle begrenzt.

# Formen der Bewerbung

2

Sie können auf vielfältige Arten aktiv werden, um an Ihren Traumjob zu gelangen. Sie können:

- telefonische Anfragen starten,
- sich ohne Stellenanzeige eigeninitiativ bewerben,
- Kurzbewerbungen abschicken,
- eigene Suchanzeigen aufgeben,
- auf eine Stellenausschreibung eine klassische Bewerbungsmappe schicken
- Online-Bewerbung antworten.

Nicht unterschätzen sollten Sie persönliche Beziehungen bei der Stellensuche. Hat vielleicht Ihr Professor Kontakt zu interessanten Unternehmen oder haben Sie bei Praktikanten- oder Werkstudententätigkeiten wertvolle Verbindungen geknüpft? Verschaffen Sie sich aktiv so viele Kontakte wie möglich und erzählen Sie allen Bekannten, Freunden, ehemaligen Kommilitonen und so weiter, die im weitesten Sinne mit Ihrem gewünschten Berufsfeld zu tun haben, von Ihrer Stellensuche (hier könnten sich auch Anknüpfungspunkte für eventuelle Referenzen ergeben).

**Telefonische Anfragen** Durch eine telefonische Anfrage können Sie abklären, ob es in Ihren Wunschunternehmen zurzeit offene Stellen gibt, die mit Ihrem Profil übereinstimmen.

Der Einstieg: Wenn Sie keine direkte Durchwahl zu Ihrem gewünschten Gesprächspartner haben, werden Sie zuerst in der Telefonzentrale landen. Beginnen Sie Ihr Gespräch immer mit einer freundlichen Begrüßung und nennen Sie Ihren Namen. Schildern Sie kurz Ihr Anliegen und fragen Sie, welche Person im

© Springer Fachmedien Wiesbaden 2015
D. Reulein, *Selbstmarketing für Bewerber*, essentials,
DOI 10.1007/978-3-658-07388-6_2

Unternehmen dafür zuständig ist. Wiederholen Sie dieselbe Prozedur und bleiben Sie freundlich, auch wenn Sie mehrfach weiterverbunden werden.

Das eigentlich zielführende Gespräch: Haben Sie den richtigen Gesprächspartner in der Leitung, verwenden Sie hin und wieder dessen Namen (aber nicht zu aufdringlich). Die meisten Menschen hören ihren eigenen Namen gerne.

Erklären Sie kurz, um was es geht, und schließen Sie die Schilderung Ihres Anliegens möglichst mit einer Frage ab, etwa: „Sehen Sie Möglichkeiten zur Zusammenarbeit?" Zeigt Ihr Gesprächspartner Interesse, wird sich nun ein Dialog entwickeln, in dem Ihnen einige Fragen zu Ihrem Werdegang und Ihren Zielen (Kurzinterview) gestellt werden.

Sie möchten den Gesprächspartner für sich und Ihre Fähigkeiten interessieren und ihn dazu bewegen, die Zusendung Ihrer Unterlagen zu akzeptieren. Fassen Sie sich also kurz und verzichten Sie auf lange Monologe. Schildern Sie knapp Ihre Qualifikationen und stellen Sie Ihre Fragen.

> **Achtung** Grundsätzlich wichtig: Fragen Sie vorab, ob Ihr Gesprächspartner gerade Zeit hat, anderenfalls vereinbaren Sie einen Termin für Ihren Anruf. Riskieren Sie keinesfalls, nur aus Zeitmangel abgewiesen zu werden.

Der Abschluss: Teilt man Ihnen klar und deutlich mit, dass an Ihrer Bewerbung kein Interesse besteht, dann bedanken Sie sich trotzdem für das Gespräch und drücken Sie Ihr Bedauern aus, dass es nicht zu einem näheren Kennenlernen kommt. Vielleicht treffen Sie Ihren Gesprächspartner bei einer anderen Gelegenheit wieder, also zeigen Sie keinesfalls, dass Sie vielleicht enttäuscht oder verärgert sind, sondern bleiben Sie freundlich.

Fordert man Sie hingegen auf, sich schriftlich zu bewerben, dann fragen Sie, an wen Sie die Unterlagen schicken sollen. Bedanken Sie sich ebenfalls und geben Sie Ihrer Freude über das positiv verlaufene Gespräch Ausdruck.

**Checkliste**
**Telefonische Anfragen:**
* Bereiten Sie sich auf den Anruf gut vor, indem Sie die Begrüßung und Ihre Fragen zuvor formulieren und aufschreiben.
* Sie sollten auch alle wichtigen Informationen über sich selbst und Ihre Fähigkeiten parat haben, damit Sie auf eventuelle spontane Fragen souverän antworten zu können.

- Notieren Sie den Namen und die Telefonnummer Ihres Gesprächspartners.
- Fragen Sie, an wen Sie gegebenenfalls Ihre Unterlagen schicken sollen.
- Wählen Sie für das Telefongespräch einen ruhigen Ort (möglichst nicht per Handy wegen eventueller Störgeräusche) und legen Sie sich Schreibmaterial für Ihre Notizen bereit.
- Sitzen Sie aufrecht beim Telefonieren oder stehen Sie – das verleiht Ihrer Stimme mehr Klangtiefe.
- Lächeln Sie am Telefon. Ihr Gegenüber spürt Ihre Stimmung, auch wenn er Sie nicht sehen kann.

**Eigeninitiativ bewerben** Unter Initiativbewerbungen versteht man Bewerbungen an Unternehmen, die keine Stellenanzeige geschaltet haben. Sinnvoll ist es in diesem Fall, zuerst durch die oben beschriebene telefonische Anfrage abzuklären, ob für Ihre Bewerbung Bedarf besteht und wer der richtige Ansprechpartner ist.

**Kurzbewerbungen** Eine Alternative zu Initiativbewerbungen sind sogenannte (Zielgruppen-)Kurzbewerbungen. Sie schicken in diesem Fall nur ein Schreiben von der Länge einer DIN-A4-Seite, das Ihr Angebotsprofil enthält, und zwar an alle potenziellen Arbeitgeber – gleichgültig, ob diese Stellen ausgeschrieben haben oder nicht. Dies setzt eine gute Recherche voraus, denn Sie sollten Ihre Kurzbewerbung an 100 bis 200 Unternehmen versenden. Vermeiden Sie es aber, den Eindruck eines Serienbriefes zu erwecken: Verwenden Sie keine Kopien und ermitteln Sie den Namen Ihres Ansprechpartners im Unternehmen.

Interessierte Unternehmen werden Sie nach Erhalt der Kurzbewerbung auffordern, Ihre kompletten Bewerbungsunterlagen einzusenden. Der strategische Vorteil der Kurzbewerbungen besteht darin, dass Sie auf diese Weise unter Umständen von Stellen erfahren, die noch nicht ausgeschrieben sind, und so der einzige Bewerber und (vorerst) konkurrenzlos sind.

Kurzbewerbungen sind ein erstklassiges Mittel, um den latenten Personalbedarf der Unternehmen anzusprechen.

**Checkliste**
**Kurzbewerbung:**
- Ihre Kontaktdaten
- Anschrift
- Betreff
- Persönliche Anrede des Ansprechpartners im Unternehmen
- Ihr Angebot, was Sie für das Unternehmen leisten können
- Kurzdarstellung Ihrer Fähigkeiten (persönlich, fachlich, beruflich)
- Schlussformel

**Eigene Stellengesuche** Sie können, je nach angepeilter Position, ein Stellengesuch in einer regionalen oder überregionalen Zeitung oder in einer Fachzeitschrift
veröffentlichen. Aufgrund der teilweise hohen Kosten und der jeweiligen Ein-
schränkung der Zielgruppe (Leser) in Printmedien sollten Sie Ihre Stellengesuche
jedoch lieber ins Internet stellen. Um Ideen für die Formulierung zu erhalten, können Sie andere Stellengesuche für vergleichbare Positionen studieren. Achten Sie
darauf, den Schwerpunkt nicht auf Ihre Wünsche (Ich suche…) zu legen, sondern
auf das, was Sie dem Unternehmen bieten können.

Der Nutzen von eigenen Stellengesuchen ist jedoch – gerade für Berufsanfänger –
umstritten. In den allermeisten Fällen bekommen Unternehmen eher zu viele als
zu wenige Bewerbungen und sind deshalb nicht darauf angewiesen, aktiv nach
Bewerbern zu recherchieren. Sie müssen eher mit Reaktionen von Firmen rechnen,
auf die Sie weniger Wert legen, etwa von oft zweifelhaften Strukturvertrieben, die
Ihnen großen Erfolg bei geringem Kapitaleinsatz und wenig Arbeitsaufwand ver-
sprechen.

**Checkliste**
**Stellengesuch:**
Ihr Stellengesuch sollte die folgenden Angaben enthalten:
- Gesuchte Position
- Ausbildung
- Alter
- Besondere Kenntnisse
- Ihr Nutzen für das Unternehmen
- Ihre Kontaktdaten

Ausnahme: Ein Stellengesuch in einer Internet-Stellenbörse. Da es wenig Zeit und Geld kostet, ist es einen Versuch wert. Sie können Ihr Bewerberprofil mit Details zu Ihrer Person und Ihrem beruflichen Werdegang angeben, und interessierte Unternehmen können sich dann per E-Mail an Sie wenden.

**Auf Stellenausschreibungen antworten** Die Reaktion auf Stellenausschreibungen ist im Gegensatz zu Initiativ- und Kurzbewerbungen sowie Stellengesuchen die passive Form der Bewerbung. Diese sollten Sie, ergänzend zu aktiven Bewerbungen, ebenfalls nutzen, sich aber nicht ausschließlich darauf beschränken.

Je nachdem, wo Sie eine Stelle antreten wollen, sollten Sie die regionalen bzw. überregionalen Zeitungen nach interessanten Stellenangeboten durchsuchen. Überregionale Zeitungen werden besonders von größeren Unternehmen genutzt.

Die überwiegende Anzahl der in Deutschland überregional veröffentlichten Stellenanzeigen erscheint in *FAZ, Süddeutsche Zeitung, DIE WELT* und *DIE ZEIT*.

*Frankfurter Allgemeine Zeitung (FAZ)* Die Stellenangebote werden jeweils samstags in der *FAZ* und sonntags in der *Frankfurter Allgemeinen Sonntagszeitung* veröffentlicht. Der Schwerpunkt liegt im Bereich Banken und Versicherungen und Fach- und Führungskräfte, es finden sich auch internationale Stellenangebote. Es werden besonders Mitarbeiter für den Bereich Vertrieb und Beratungs- und Dienstleistungsspezialisten gesucht. Zusätzlich erscheint sechsmal jährlich der Hochschulanzeiger für Hochschulabsolventen und Berufseinsteiger.

*Süddeutsche Zeitung (SZ)* Sowohl Stellenangebote als auch Stellengesuche werden samstags veröffentlicht. Schwerpunkt ist der Bereich der Fach- und Führungskräfte, zusätzlich der Stellenmarkt im Ballungsraum München.

*DIE WELT* Stellenangebote sind auf der Homepage unter dem Link „Marktplatz" und dann „Stellenmarkt" zu finden; es handelt sich um eine Kooperation mit Step-Stone. Das Spektrum ist dem der *FAZ* ähnlich, umfasst jedoch eher mehr Branchen.

*DIE ZEIT* Im Gegensatz zu den drei oben genannten Tageszeitungen erscheint *DIE ZEIT* als Wochenzeitung, jeweils donnerstags. Es werden fast ausschließlich Stellenangebote für Führungspositionen veröffentlicht, in den Bereichen Lehre und Forschung, öffentlicher Dienst, Medizin und Biowissenschaften, Ingenieurwissenschaften und sozialer Bereich.

Für kleinere und mittlere Unternehmen ist eine Anzeige in diesen Medien jedoch häufig zu teuer. Darum weichen sie oft auf regionale Publikationen aus. Auch einschlägige Fachzeitschriften können passende Angebote enthalten, denn die Stellenausschreibungen dort erreichen die richtige Zielgruppe und sind in der Regel viel günstiger, in Verbandszeitschriften mitunter sogar kostenfrei. Und natürlich eignen sich entsprechende Internet-Jobbörsen für die Recherche.

**Erstellen Sie einen Zeitplan** Um Ihr Bewerbungsprojekt zielgerichtet voranzutreiben, sollten Sie die einzelnen Schritte planen und in Ihren Alltag integrieren. Eine gewisse festgelegte Struktur erhöht die Motivation oder hilft zumindest, der Gefahr der „Aufschieberitis" zu entkommen. Sie könnten zum Beispiel in einem Wochenplan festlegen, wann Sie

- offene Stellen und interessante Unternehmen recherchieren,
- mit Unternehmen telefonieren,
- Ihre Bewerbungsunterlagen erstellen.

Nehmen Sie sich dann vor, jede Woche zum Beispiel mindestens fünf Bewerbungen zu verschicken.

**Beispiel Zeitplan**
- Dienstag Vormittag: Stellen recherchieren
- Dienstag Nachmittag: telefonisch Kontakt aufnehmen
- Donnerstag Vormittag: Stellen recherchieren
- Donnerstag Nachmittag: telefonisch Kontakt aufnehmen
- Samstag Nachmittag: Unterlagen erstellen (individuelles Anschreiben, Lebenslauf anpassen)
- Montag: Bewerbungen versenden

## 2.1  Schriftliche Bewerbung

Warum ist die formgerechte Präsentation Ihrer Bewerbung so wichtig? Nun, für den ersten Eindruck gibt es keine zweite Chance. Ihre Bewerbungsunterlagen sind die erste „Arbeitsprobe", die ein potenzieller Arbeitgeber oder Personalleiter von Ihnen zu sehen bekommt.

Ihre Bewerbung muss von Anfang an überzeugen. Daraus ergeben sich folgende Anforderungen, wie Ihre Unterlagen gestaltet sein sollten:

- ansprechend aufgemacht,
- inhaltlich klar gegliedert,
- übersichtlich und
- vollständig.

Versetzen Sie sich einmal in die Position des Empfängers Ihrer Bewerbung. Es kann durchaus sein, dass er Hunderte von Bewerbungen erhält. Er möchte sich schnell zurechtfinden, will wissen, ob Behauptungen durch Fakten untermauert und seine Erwartungen (Anforderungen an den zukünftigen Stelleninhaber) erfüllt werden.

Es ist Ihre Aufgabe, Interesse für Ihre Person zu wecken und den Eindruck zu vermitteln, dass es sich lohnt, Sie zu einem Vorstellungsgespräch einzuladen.

> **Tipp**  Muster für Bewerbungsunterlagen finden Sie in jedem Bewerbungsratgeber, auf diversen Internetseiten und auch auf den folgenden Seiten. Lassen Sie sich von ihnen inspirieren, aber kopieren Sie nicht einfach alles. Sie sollten Ihre Unterlagen immer auf sich selbst und die jeweilige Position bzw. das Unternehmen zuschneiden. Denn erfahrene Personaler merken den Unterschied sofort.

**Checkliste
Bewerbungsunterlagen:**
- Anschreiben
- Deckblatt
- Bewerbungsfoto
- Lebenslauf
- „Dritte Seite" (weitere Informationen zu Ihrer Person)
- Tätigkeitsbeschreibungen
- Verzeichnis der Zeugnisse
- Sämtliche Zeugnisse
- Nachweise über Zusatzqualifikationen/Weiterbildungen
- Liste der Veröffentlichungen

All diese Unterlagen ordnen Sie in einer robusten Mappe aus Pappe oder Plastik ein. Da Ihre Bewerbung vielleicht nicht bereits beim ersten Mal erfolgreich sein wird, ist es sinnvoll, wenn die Mappe einen mehrfachen Versand gut übersteht.

Praktisch sind Klippmappen, weil man die Unterlagen schnell kopieren und wieder zusammenstecken kann. Verwenden Sie keine Klarsichthüllen für die einzelnen Blätter Ihrer Bewerbung, das führt beim Kopieren nur zu unnötigem Aufwand. Wenn Sie sich an den folgenden Tipps orientieren, erreichen Sie automatisch die Ziele
Übersichtlichkeit, klare Gliederung und Vollständigkeit.

**Checkliste**

- Keine zu voll und eng beschriebenen Seiten. Vermeiden Sie eine „Bleiwüste", indem Sie ausreichend Rand lassen und Ihren Text in Absätze (jeweils eine Leerzeile) gliedern. Diese ergeben sich automatisch, wenn ein neues „Thema" beginnt oder wenn Sie eine Information deutlicher absetzen möchten.
- Verwenden Sie ein leicht lesbares Schriftbild. Verwenden Sie eine klare Schrift (Arial, Times New Roman und Courier) und wählen Sie als Schriftgröße 11 oder 12 Punkt. Schreiben Sie linksbündig und im Flattersatz, durch Blocksatz kommt es oft zu unschönen großen Lücken im Text.
- Schreiben Sie mit einzeiligem Abstand. 1,5-zeilig verbraucht zu viel Platz.
- Benutzen Sie Hervorhebungen wie zum Beispiel Fettdruck (in Maßen)
- Möchten Sie etwas stichpunktartig in den Mittelpunkt rücken, können Sie auch im Anschreien einige Aufzählungspunkte verwenden.
- Achten Sie auf saubere, knickfreie Unterlagen.
- Verwenden Sie griffiges Papier.
- Stellen Sie ihre Unterlagen in einem Klemmhefter zusammen.

Orientieren Sie sich bezüglich der Gesamtgestaltung Ihrer Unterlagen immer an der
Branche, in die Sie sich bewerben, und an der entsprechenden Position.

## 2.1.1  Ihr Anschreiben

Das Anschreiben legen Sie lose in oder auf Ihre Bewerbungsmappe, es bleibt in jedem Fall im Unternehmen.

In Ihr Anschreiben gehört ein vollständiger, simpler Briefkopf (Spielereien wie ein eigenes Logo wirken bei einer Stellenbewerbung unfreiwillig komisch):

• Vorname und Nachname
• Straße und Hausnummer
• PLZ und Ort
• Telefon, Fax
• Mobilnummer (falls Sie unterwegs ungestört telefonieren können)
• E-Mail-Adresse

Danach folgt die komplette Anschrift des Unternehmens mit dem Namen Ihres Ansprechpartners, den Sie vorher ermittelt haben. Geben Sie den Empfängernamen mit Anrede und Vor- und Zunamen an. Bei einem größeren Unternehmen ist die Angabe der Abteilung sinnvoll. Einen Persönlichkeitsvermerk schreiben Sie in die erste Zeile der Anschrift. Ein „z. Hd." oder „z. H." (zu Händen) ist veraltet, also bitte weglassen. Die Leerzeile zwischen Straße und Ort wird nicht mehr gesetzt. Eine Auslandskennung wie „D-" oder Ähnliches vor der Postleitzahl ist nur dann nötig, wenn die Bewerbung ins Ausland geht.

Das Datum setzen Sie oben rechts, die Angabe des Orts ist überflüssig. Letztere wird im Geschäftsleben nur dann gebraucht, wenn der Briefkopf verschiedene Adressen auflistet, damit erkennbar ist, woher ein Brief kommt.

Der Begriff „Betreff" wird heute nicht mehr verwendet. Vermerken Sie jedoch, auf welche Stelle Sie sich bewerben, zum Beispiel „Ihre Anzeige in der Süddeutschen Zeitung vom ..., Kennziffer 123". Setzen Sie den Betreff mit jeweils zwei Leerzeilen zur Firmenadresse und der Anrede ab. Sie können aber auch mehr Leerzeilen setzen, um Ihrem Anschreiben ein stimmigeres Layout zu geben, und den Betreff fett oder farbig drucken.

Der eigentliche Text Ihres Schreibens (Ihre Selbstpräsentation) sollte kurz und prägnant formuliert sein und eine Seite nicht überschreiten.

Unterschreiben Sie mit Ihrem Vor- und Zunamen. Als Privatperson müssen Sie Ihre Unterschrift nicht getippt wiederholen, da aus der Absenderadresse klar hervorgeht, wie Sie heißen.

Am Schluss fügen Sie das Wort „Anlagen" an, normalerweise ohne diese einzeln aufzulisten. Damit zeigen Sie an, dass Ihrem Brief weitere Dokumente beigefügt sind. Sie können aber auch alle Ihre Anlagen einzeln anführen.

Worauf sollten Sie bei der Formulierung achten? Stellen Sie sich die folgenden Fragen; die Antworten darauf ergeben den inhaltlichen Aufbau Ihres Schreibens:

- Welche Position ist im Unternehmen zu besetzen?
- Welche Kernanforderungen werden an den Inhaber der Position gestellt?
- Welche meiner Fähigkeiten passen zu den gewünschten Qualifikationen?
- Wie stelle ich mich als interessanter Mitarbeiter dar?

**Textlicher Aufbau des Anschreibens** Nach der persönlichen Anrede beginnen Sie mit einem Aufhänger (s. Abb. 2.1). Dieser ergibt sich im Normalfall aus dem Telefonat, das Sie zuvor geführt haben, um den Namen Ihres Ansprechpartners oder weitere Informationen zu der angebotenen Stelle zu erfahren.

Im Mittelteil gehen Sie auf die gewünschten Anforderungen ein und belegen, warum Sie diesen entsprechen. Da Sie sich ausführlich mit der Potenzialanalyse beschäftigt haben, dürfte Ihnen das keine Schwierigkeiten bereiten. Stellen Sie sich vor allem als Problemlöser für das Unternehmen dar und zeigen Sie, dass ein Schlüssel-Schloss-Verhältnis zwischen Ihrem Angebot und der Nachfrage des Unternehmens besteht.

- Vermitteln Sie auch Ihre Motivation, sich zu bewerben. Belassen Sie es nicht nur beim üblichen „Ihre Stelle interessiert mich", sondern begründen Sie, was Sie an der Position oder am Unternehmen reizt.
- Stellen Sie Ihre Kenntnisse und Ihre fachliche Expertise dar und belegen Sie, welche Voraussetzungen Sie für die Stelle mitbringen.
- Gehen Sie auf Ihre Persönlichkeit ein. Und zwar nicht mit den üblichen Schlagwörtern (Ich bin kommunikativ, flexibel, teamfähig …), die einfach nur aufgezählt werden, sondern beschreiben Sie in eigenen Worten, was Sie zu bieten haben.

Ihr Anschreiben muss dem Unternehmen klare Gründe liefern, warum man ausgerechnet Sie aus der Masse der Bewerber auswählen und einladen sollte.

Im Schlussteil drücken Sie aus, dass Sie sich auf ein Vorstellungsgespräch oder persönliches Kennenlernen freuen, und beenden das Anschreiben mit der Grußformel „Mit freundlichen Grüßen" oder Ähnlichem.

**Mögliche Formulierungen des Aufhängers** Sprechen Sie den Empfänger immer persönlich an, beginnen Sie also niemals mit „Sehr geehrte Damen und Herren". Nach der Anrede steht ein Komma, und der Brief beginnt klein geschrieben.

Mit „Sehr geehrte(r) Frau …/Herr …" liegen Sie immer richtig, Sie können aber auch eine moderne Variante wählen:

MUSTER ANSCHREIBEN

Max Mustermann
Musterstraße 84
12345 Musterstadt
Tel. 0 57 43 / 6 66 66

Beispiel AG
Herrn Fritz Beispiel
Postfach 7 86 54
54321 Beispielstadt

23. Juli 2013

**Ihre Anzeige in der Süddeutschen Zeitung vom 20. Juli 2013, Kennziffer 123**

Sehr geehrter Herr Beispiel,

vielen Dank für das freundliche und informative Telefongespräch am 22.07.2013. Hiermit übersende ich Ihnen, wie besprochen, meine Bewerbungsunterlagen für die Position als ...
Vor Kurzem schloss ich mein Studium der ... mit der Gesamtnote 2 ab. Durch verschiedene Werkstudententätigkeiten konnte ich intensive Erfahrungen in den Bereichen ... und ... sammeln.
Die fachlichen Anforderungen, die Sie in Ihrer Anzeige nennen, kann ich erfüllen. So befasste sich meine Diplomarbeit mit ... Durch einen längeren Aufenthalt in Spanien verfüge ich außerdem über ausgezeichnete Spanischkenntnisse.
Meine Gehaltsvorstellungen liegen bei Euro ... p. a.
Auf ein persönliches Gespräch mit Ihnen freue ich mich sehr.

Mit freundlichen Grüßen

Max Mustermann

Anlagen

**Abb. 2.1** Muster Anschreiben

- „Guten Tag, Herr Mustermann, auf Empfehlung von …sende ich Ihnen meine Bewerbungsunterlagen für die Position als …zu."
- „Hallo, sehr geehrte Frau Musterfrau, vielen Dank für das informative telefonische Gespräch am … Gerne möchte ich für Ihr Haus tätig werden und schicke Ihnen darum meine Bewerbungsunterlagen für die Position als …zu."
- „Sehr geehrter Herr Mustermann, vielen Dank für das freundliche Telefongespräch vom … Hiermit übersende ich Ihnen, wie besprochen, meine Bewerbungsunterlagen für die Position …"

Ein reines „Hallo" oder gar „Liebe/r" wäre zu persönlich oder zu locker, es sei denn, Sie hatten bereits einen freundlichen und positiven Kontakt oder kennen den Empfänger schon gut.

**Mögliche Bausteine für den Mittelteil** Im Mittelteil können folgende Textbausteine genutzt werden:

- „In meiner Diplomarbeit habe ich mich mit … beschäftigt."
- „Seit Kurzem bin ich Diplom-xyz. Mein Studium schloss ich nach 9 Semestern mit der Note gut ab."
- „Folgende Kenntnisse kann ich in Ihr Unternehmen einbringen …"
- „Während meiner Praktika konnte ich in folgenden Bereichen Erfahrungen sammeln …"
- „Eine praxisorientierte Ausrichtung meines Studiums war für mich wesentlich. Als Ergänzung der theoretischen Ausbildung leitete ich das Projekt …"
- „Während meiner Ausbildung konnte ich analytische Fähigkeiten und Leistungsbereitschaft beweisen, indem ich …"
- „Zudem konnte ich durch ein Auslandspraktikum meine Französischkenntnisse verbessern. Meine persönlichen Stärken sind Organisationsfähigkeit und Effektivität."
- „Auf dem Gebiet der …möchte ich mich weiterentwickeln und suche daher nach einer Tätigkeit in einem international ausgerichteten Unternehmen."

**Mögliche Formulierungen für den Schlussteil** Im Schlussteil sind die folgenden Bausteine zu empfehlen:

- „Ich freue mich auf eine Einladung zu einem persönlichen Gespräch. Mit freundlichen Grüßen …"
- „Gerne bringe ich meine Persönlichkeit und mein Fachwissen in einem erfolgreichen Unternehmen wie der (Firmenname) ein und freue mich schon jetzt auf ein Vorstellungsgespräch in Ihrem Haus.

Freundliche Grüße ..."
- Sie können bei der Grußformel auch eine modernere Variante wählen:
  - „Freundliche Grüße nach München"
  - „Viele Grüße und ein schönes Wochenende"
  - „Sommerliche Grüße aus Köln"

**Die heikle Frage nach den Gehaltsvorstellungen** Falls das Unternehmen explizit darum gebeten hat, müssen Sie nun Farbe bekennen. Die Frage einfach zu ignorieren wäre unhöflich und könnte bedeuten, dass Ihre Bewerbung aussortiert wird. Denn für das Unternehmen ist es wenig sinnvoll, Sie einzuladen, wenn schon vorab klar ist, dass die gegenseitigen finanziellen Vorstellungen überhaupt nicht zueinander passen. Sie müssen sich bei der Angabe aber nur in einer gewissen akzeptablen Bandbreite bewegen.

Am besten platzieren Sie Ihre Gehaltsvorstellungen nach dem Mittelteil, beispielsweise so:

- Meine Gehaltsvorstellungen liegen bei 40.000 € p.a.
- Als Jahresbruttogehalt stelle ich mir 40.000 € vor.

▶  **Achtung** Verwenden Sie die neue Rechtschreibung und lassen Sie das Anschreiben, wenn irgend möglich von jemandem gegenlesen, da Schreibfehler und fehlende Worte dem Verfasser selbst oft nicht auffallen.

## 2.1.2  Das Deckblatt

Nach dem Anschreiben folgt als erstes Blatt in der Bewerbungsmappe das Deckblatt (s. Abb. 2.2 und 2.3). Sie geben dort die Position, auf die Sie sich bewerben, das Unternehmen, Ihren Namen und Ihre Adresse an. Das Bewerbungsfoto können Sie entweder hier oder in Ihrem Lebenslauf platzieren. Nehmen Sie für das Deckblatt ein etwas stärkeres Papier, damit die nachfolgende Seite nicht durchscheint.

## 2.1.3  Ihr Bewerbungsfoto

Auch beim Bewerbungsfoto gilt: Es ist der erste Eindruck, den ein Personalverantwortlicher von Ihrem Äußeren erhält. Sie sollten sich der Bedeutung eines guten

---

**Bewerbung**
als …
der Muster AG
Beispielstadt

(Bewerbungsfoto)

Max Mustermann
Musterstraße 84
12345 Musterstadt
Tel. 0 57 43 / 6 66 66
E-Mail: m.mustermann@t-online.de

---

**Abb. 2.2**  Beispiele Deckblatt 1

---

**Bewerbung**
als          …
bei der   Muster AG
in          Beispielstadt
Anlagen  Lebenslauf
            Zu meiner Person
            Zeugniskopien

Max Mustermann
Musterstraße 84
12345 Musterstadt
Tel. 0 57 43 / 6 66 66

---

**Abb. 2.3**  Beispiele Deckblatt 2

Bewerbungsfotos bewusst sein und mit einem entsprechend professionellen Foto aufwarten. Das Foto wird, ob unfair oder nicht, mitbestimmend sein, ob Sie zu einem Vorstellungsgespräch eingeladen werden. Ob das Bewerbungsfoto aufgrund des neuen AGG im Lauf der Zeit überflüssig wird, wird sich erst in den nächsten Jahren herausstellen.

> **Achtung**

- Verwenden Sie auf keinen Fall ein Automatenbild.
- Auch Urlaubs- oder Freizeitbilder sind völlig deplatziert.
- Gehen Sie zu einem guten Fotografen und lassen Sie dort mehrere verschiedene Porträtfotos anfertigen. Suchen Sie sich in Ruhe das beste davon aus.
- Wenn sich einer Ihrer Bekannten auf gute Fotografien versteht, können Sie sich jedoch auch privat fotografieren lassen und das Bild entsprechend bearbeiten/zuschneiden. Achten Sie in diesem Fall auf ein seriöses Setting (zum Beispiel in Bezug auf Hintergrund und Beleuchtung).
- Sie können sich entweder für ein Schwarz-weiß- oder für ein Farbbild entscheiden; heute sind farbige Fotos eher die Norm, sie wirken etwas freundlicher. Ein Schwarz-weiß-Foto kann elegant, aber auch trist wirken. Sehen Sie sich vorher einige Musterbilder des Fotografen an.
- Üblich ist das Passbild-Format (4,5×3,5 cm) oder etwas größer (besonders wen Sie Ihr Porträt auf das Deckblatt kleben) als Porträt oder Halbporträt. Bei Letzterem sollte Ihr Gesicht im Mittelpunkt stehen und die Kleidung nicht zu viel Fläche einnehmen.
- Achten Sie darauf, dass Sie auf dem Bild seriös und dezent wirken. Ziehen Sie sich am besten so an, wie Sie auch zu einem Vorstellungsgespräch gehen würden; dies richtet sich wiederum stark nach der entsprechenden Branche. Frauen können lange Haare offen oder hochgesteckt tragen. Offene Haare sollten aber Ihr Gesicht nicht verdecken (das vermittelt den Eindruck, dass Sie sich verstecken möchten). Weibliche Bewerberinnen sollten auf zu tief ausgeschnittene T-Shirts/Tops, transparente Kleidung oder eine zu tief aufgeknöpfte Bluse verzichten.
- Beschriften Sie Ihr Bewerbungsfoto auf der Rückseite mit Ihrem Namen und Ihrer Adresse und befestigen Sie es mit Hefteckers auf Ihrem Lebenslauf oder dem Deckblatt. Verwenden Sie keine

Büroklammern, sie können sich ins Bild eindrücken und es damit
unbrauchbar machen. Außerdem kann es auf diese Weise leicht ver-
loren gehen.

## 2.1.4  Ihr Lebenslauf

Der Leser will schnell alle wesentlichen Informationen über Ihren Lebenslauf er-
fassen können. Dieser muss enthalten:

* Persönliche Daten
* Berufserfahrung und Praktika
* Studium bzw. Berufsausbildung/Lehre
* Angaben zu Wehr- oder Zivildienst
* Schulausbildung
* Weiterbildungen und Zusatzausbildungen
* Besondere Kenntnisse
* (eventuell) Referenzen
* Hobbys sowie
* Ort, Datum, Unterschrift

Haben Sie noch keine Berufserfahrung und Ihre Praktika vor oder während des
Studiums absolviert, so können Sie diese im Lebenslauf auch nach den Angaben
zum Studium einfügen. Orientieren Sie sich beim Aufbau immer an dem Gedan-
ken: Was ist für den Leser (Personalchef) das Wichtigste? So werden Sie schnell
zu der korrekten Gewichtung gelangen.

**Checkliste**
**Achten Sie darauf, dass Ihr Lebenslauf:**
* chronologisch gestaltet ist. Am meisten Sinn ergibt hierbei der rück-
  wärts chronologisch gestaltete Lebenslauf, das heißt Sie beginnen
  mit der aktuellsten Information. Die Informationen, die den Leser am
  meisten interessieren, kommen also zuerst.
* vollständig ist und Lücken und Brüche so unauffällig wie möglich
  gestaltet sind. Das können Sie erreichen, indem Sie zum Beispiel nur
  Jahreszahlen angeben oder bei unwichtigen Nebenjobs die für den
  gewünschten Arbeitsplatz wichtigen Kompetenzen hervorheben.

- optisch übersichtlich gegliedert ist. Wenn Sie die tabellarische Form benutzen, ist das kein Problem. Achten Sie darauf, dass die Daten und Ereignisse optisch voneinander getrennt sind. Ihre persönlichen Daten stellen Sie als Block in die linke obere Seite Ihres Lebenslaufs, das Foto befestigen Sie rechts oben.
- nicht mehr als zwei Seiten umfasst. Sie müssen Ihre Daten jedoch keinesfalls, wie oft empfohlen, auf eine Seite pressen. Eine gewisse Auflockerung erleichtert die Übersichtlichkeit. Detail-Informationen zu bestimmten Tätigkeiten können Sie auch in einem Tätigkeitsprofil oder auf der „dritten Seite" unterbringen.

Natürlich fragen sich viele Bewerber, wie ehrlich sie bei der Abfassung eines Lebenslaufs bleiben müssen. In der Tat eine schwierige Frage, kennt doch jeder gewisse Lebenskünstler, deren Darstellung ihrer bisherigen Leistungen jeden vor Neid erblassen lassen, auch wenn im Endeffekt nicht allzu viel dahintersteckt.

Ganz klar, Sie sollten sich um eine geschickte Darstellung gewisser Umstände bemühen und auch keinesfalls Ihr Licht unter den Scheffel stellen. Auch sollten Sie versuchen, für Lücken oder längere Auszeiten positive Erklärungen zu finden oder diese eventuell etwas umzudeuten.

Lücken können speziell bei Berufsanfängern durch bewusste Auszeiten entstanden sein. Geben Sie also an, wenn Sie etwa eine lange Reise gemacht oder ein sogenanntes Sabbatjahr eingelegt haben, und schreiben Sie auch, welche neuen Fähigkeiten oder Erkenntnisse Ihnen dies gebracht hat. Besser als eine unerklärte Lücke sind solche Ausführungen auf jeden Fall.

Tipps für das Layout für den Lebenslauf:

- Quetschen Sie die einzelnen Rubriken nicht aneinander und halten Sie einheitliche Abstände ein.
- Wählen Sie für die Überschriften eine größere Schrift oder betonen Sie sie durch Fettdruck.
- Halten Sie die linke Spalte (die mit den Daten) so schmal wie möglich.
- Schreiben Sie die Daten am besten in Zahlen (MM/JJ oder MM/JJJJ), da ausgeschriebene Monate unterschiedlich lang sind.

▶  **Achtung** Doch bedenken Sie, dass Sie die Angaben in Ihrem Lebenslauf spätestens im Vorstellungsgespräch überzeugend verkaufen und begründen müssen. Und die Angabe von gewissen Kompetenzen, über

die Sie nicht verfügen, kann im schlimmsten Fall zu einer Anfechtung
Ihres Arbeitsvertrags durch den Arbeitgeber führen, was eine fristlose
Kündigung zur Folge haben kann.

**Die Elemente des Lebenslaufs im Einzelnen (s. Abb. 2.4):**

- Persönliche Daten: Hier geben Sie Ihren Namen, Ihre komplette Anschrift inklusive Telefonnummer und E-Mail-Adresse, Ihre Berufsbezeichnung bzw.
  Ihren akademischen Titel an. Obwohl Sie Ihre Kontaktdaten schon im Anschreiben anführt haben, ist eine Wiederholung im Lebenslauf sinnvoll, weil manche
  Firmen den Lebenslauf separat weitergeben oder eventuell sogar aufbewahren,
  selbst wenn sie die Bewerbung auf diese Stelle abgelehnt haben. Fehlt dann das
  Bewerbungsschreiben und ist der Lebenslauf ohne Kontaktdaten, ist eine späte-
  re Kontaktaufnahme schwierig oder gar unmöglich. Zu den persönlichen Daten
  zählen weiterhin Geburtsdatum und -ort, die Angaben zum Familienstand (Anzahl der Kinder) und zu Ihrer Nationalität.
- Berufserfahrung und Praktika: Führen Sie absolvierte Praktika und andere berufliche Tätigkeiten mit Name und Ort des Arbeitgebers und Monats- und Jah-
  resangabe an.
- Studium bzw. Berufserfahrung/Lehre: Beim Studium geben Sie die Art der
  Hochschule (FH/Universität), den Studienort, die Fachrichtung und Ihre
  Schwerpunkte an. Verweisen Sie gesondert auf das Thema Ihrer Bachelor-,
  Master- oder Diplomarbeit und geben Sie die betreffende Note an. Hier können
  Sie auch im Ausland verbrachte Semester anführen oder auf ein Aufbaustudium
  oder eine Promotion verweisen. Haben Sie Ihr Studium ohne Abschluss be-
  endet, nennen Sie trotzdem sämtliche relevante Informationen; eine Erklärung
  zum fehlenden Abschluss kann dann im Anschreiben stehen.
- Angaben zu Wehr- oder Zivildienst: Führen Sie an, wann und wo Sie den jeweiligen Dienst abgeleistet haben. Vielleicht können Sie hier sogar erste Berufserfahrungen nachweisen. Sollten Sie nicht zum Wehr oder Zivildienst heran-
  gezogen worden sein, sollten Sie das ebenfalls vermerken.
- Schulausbildung: Nennen Sie glatte Jahreszahlen, die Schularten und -orte. Sie
  können bei einem guten Ergebnis den Abiturdurchschnitt nennen. Haben Sie Ihr
  Abitur auf dem zweiten Bildungsweg gemacht, so spricht das durchaus für Sie,
  also erwähnen Sie es.
- Weiterbildungen und Zusatzausbildungen: Sie sollten nur Weiterbildungen nennen, die etwas mit Ihrer beruflichen Qualifikation zu tun haben.
- Besondere Kenntnisse: Zu den sogenannten Zusatzqualifikationen gehören
  Sprach- und EDV-Kenntnisse und sonstige zusätzliche Kenntnisse.

```
MUSTER LEBENSLAUF


Max Mustermann
Musterstraße 84
12345 Musterstadt
Tel. 0 57 43 / 6 66 66


Persönliche Daten
Geburtsdatum:      14. Juli 1987
Geburtsort:        Musterstadt
Familienstand:     ledig
Staatsangehörigkeit: BRD


Studium
10/06–09/12        Universität: _____
                   Fachrichtung:_____
                   Abschluss:_____
                   Schwerpunkte:_____
                   Diplomarbeit: _____


Werkstudententätigkeiten/Praktika
03/10–04/11        _____
05/09–07/09        _____
08/07–10/07        _____
Schulausbildung
1997–2006          Albert-Friedrich-Gymnasium in Musterstadt, Abiturnote 1,8
1993–1997          Hennenloh-Grundschule in Musterstadt
Hobbys             Tennis und moderne Literatur


Musterstadt, 23. Juli 2013         _____
                                        Max Mustermann
```

**Abb. 2.4** Muster Lebenslauf

- Hobbys: Bei der Nennung Ihrer Hobbys ist eine gewisse Vorsicht angebracht. Zum einen sollten Sie im Vorstellungsgespräch auch in der Lage sein, Fragen zu Ihren Angaben zu beantworten. Beispiel: „Sie interessieren sich für Literatur. Welches Buch lesen Sie gerade?" Zum anderen müssen Sie damit rechnen, dass immer gewisse (und noch dazu von Person zu Person unterschiedliche) Vorurteile in Hobbys hineininterpretiert werden. So kann der Personalchef, wenn Sie ihm als Ihre liebste Freizeitbeschäftigung Bungeespringen nennen, schon mal Angst um die körperliche Unversehrtheit seines zukünftigen Mitarbeiters bekommen, obwohl Sie vielleicht nur Ihre Dynamik betonen wollten.
- Ort, Datum, Unterschrift: Am Schluss des Lebenslaufs geben Sie den Ort und das (aktuelle) Datum an und unterschreiben ihn.

Obwohl die Angabe von Referenzen in Deutschland nicht mehr allgemein üblich ist, kann ein entsprechender Hinweis grundsätzlich nicht schaden. Selbst wenn der Personalverantwortliche im Unternehmen die betreffende Person nicht tatsächlich kontaktiert, kann das Vorhandensein einer Referenz positiv wirken.

Voraussetzung ist allerdings, dass die genannte Person im Zusammenhang mit der Bewerbung stehende positive Aussagen über Sie und Ihre Arbeitsweise machen kann (also nicht etwa Onkel Karl oder Oma Lisa). Infrage kämen etwa einer Ihrer Professoren oder Ihre direkte Vorgesetzte während einer Werkstudententätigkeit. Fragen Sie aber immer nach, ob Sie die betreffende Person als Referenz nennen dürfen und welche Kontaktmöglichkeiten ihr angenehm wären.

Am besten platzieren Sie Ihre Referenzen noch vor den Hobbys/Interessen im Lebenslauf, und zwar mit Vorname und Name (gegebenenfalls Titel), Unternehmen/Organisation und Kontaktmöglichkeiten.

## 2.1.5  Die „dritte Seite"

Weitere Informationen zu Ihrer Person bringen Sie auf der sogenannten dritten Seite unter. Dorthin gehören alle Angaben, die Sie für beruflich wichtig halten und die weder in das Anschreiben noch in den Lebenslauf passen.

Durch diese „dritte Seite" wird Ihr Lebenslauf wesentlich übersichtlicher, da Sie nicht sämtliche wichtige Informationen über sich in diesen hineinpressen müssen.

Das Blatt legen Sie hinter dem Lebenslauf ab, daher auch seine Bezeichnung. Auch mit einer Liste Ihrer Publikationen oder mit Tätigkeitsbeschreibungen können Sie so verfahren.

Hier können Sie sich äußern:

* zu Ihrer Motivation („Meine Ziele", „Perspektiven"),
* zu Kenntnissen, Erfahrungen oder besonderen Fertigkeiten („Ich bin ...", „Meine Stärken ..."),
* zu dem Grund, warum die Firma Sie einstellen sollte („Warum Sie sich für mich entscheiden sollten"),
* zur eigenen Person („Mir ist wichtig", „Mein Motto", „Meine Hobbys/Interessen").

Beschränken Sie sich jedoch nicht auf die üblichen Schlagworte, sondern nutzen Sie diese Sonderseite dazu, sich durch spezielle Informationen und/oder Erklärungen hervorzuheben.

Versehen Sie die dritte Seite zum Beispiel mit den Überschriften „Was Sie sonst noch über mich wissen sollten", „Tätigkeitsbeschreibungen", „Berufserfahrungen" oder „Liste meiner Publikationen".

Mit einem Tätigkeitsprofil beschreiben Sie bestimmte berufliche Erfahrungen genauer und können so Ihre Qualifikation unterstreichen, etwa wenn Sie sich für eine Stelle bewerben, für die Sie auf den ersten Blick nicht die richtigen Fachkenntnisse besitzen.

Versuchen Sie auch hier, speziell auf die in der Anzeige geforderten Eigenschaften einzugehen.

## 2.1.6 Zeugnisse

Generell sollten Sie niemals Originale, sondern ausschließlich Kopien verschicken. Auch Beglaubigungen von Zeugniskopien sind nicht nötig; diese wird das Unternehmen, wenn überhaupt, erst zu einem späteren Zeitpunkt von Ihnen verlangen.

Versenden Sie ordentliche, das heißt saubere und knickfreie Kopien, damit Sie nicht den
Eindruck erwecken, diese schon mehrere Male verwendet zu haben.

**Checkliste**
**Sortieren Sie ihre Zeugnisse zuerst thematisch nach**
* Berufstätigkeit (Arbeitszeugnisse),
* Ausbildung (Hochschul- und Abiturzeugnis),
* Praktika/Werkstudententätigkeiten,

- Weiterbildungen,
- sonstigen Tätigkeiten (wissenschaftliche Mitarbeit, Tutorentätigkeit, freie Mitarbeit, Mitarbeit in Fachschaften etc.)

Innerhalb der einzelnen Themengebiete gehen Sie dann chronologisch vor und beginnen immer mit dem aktuellsten Zeugnis. Wenn Sie viele Zeugnisse vorweisen können, sollten Sie ein gesondertes Verzeichnis erstellen.

» **Achtung** Achten Sie bei der Zusammenstellung Ihrer Zeugnisse auf Lückenlosigkeit und Vollständigkeit und überprüfen Sie, ob die Daten mit den Angaben in Ihrem Lebenslauf übereinstimmen.

**Bewertungen in Zeugnissen** Bedenken Sie bei den Formulierungen in Zeugnissen (s. Abb. 2.5), dass diese immer wohlwollend gestaltet sein müssen. Daher werden Sie nie auf eine offensichtlich schlechte Bewertung stoßen. Achten Sie also auf die feinen Nuancen.

### 2.1.7  Versand der Bewerbung

Überprüfen Sie Ihre gesamte Bewerbung vor dem Versand noch einmal auf die wichtigsten
Punkte:

**Checkliste**
**Vor dem Versand**
- Anschreiben lose beigelegt?
- Ort und Datum angegeben?
- Anschrift vollständig und korrekt?
- Korrekte Anrede des Ansprechpartners?
- Gute Einleitung?
- Qualifikationen interessant geschildert?

| Benotung | Formulierung |
|---|---|
| Sehr gut | „Hat die ihr/ihm übertragenen Aufgaben stets zu unserer vollsten Zufriedenheit erledigt." |
| | „Wir waren mit seinen/ihren Leistungen stets sehr zufrieden." |
| Gut | „Hat die ihr/ihm übertragenen Aufgaben stets zu unserer vollen Zufriedenheit erledigt." |
| | „Wir waren mit seinen/ihren Leistungen voll und ganz zufrieden." |
| Befriedigend | „Hat die ihr/ihm übertragenen Aufgaben zu unserer vollen Zufriedenheit erledigt." |
| | „Wir waren mit seinen/ihren Leistungen voll zufrieden." |
| Ausreichend | „Hat die ihr/ihm übertragenen Aufgaben zu unserer Zufriedenheit erledigt." |
| | „Wir waren mit seinen/ihren Leistungen zufrieden." |
| Mangelhaft | „Hat die ihr/ihm übertragenen Aufgaben im Großen und Ganzen zu unserer Zufriedenheit erledigt." |
| | „Seine/Ihre Leistung hat unseren Erwartungen entsprochen." |

**Abb. 2.5**  Zeugnisformulierungen

- Lücken im Lebenslauf begründet?
- Gehaltsvorstellung genannt (falls gewünscht)?
- Möglichen Starttermin genannt?
- Alle Anlagen vorhanden?
- Richtig sortiert?
- Ordentliche Bewerbungsmappe?
- Saubere und knickfreie Unterlagen?
- Umschlag fest verschlossen?
- Absender vollständig und korrekt?
- Ausreichend frankiert?

▷ **Achtung** In Ausnahmefällen (etwa wenn Sie eine Anzeige zu spät gesehen haben) kann es vorkommen, dass Sie einen Stichtag für die Abgabe der Bewerbung nicht einhalten können. Rufen Sie dann beim Unternehmen an und machen Sie das Angebot, parallel zum Versand Ihrer kompletten Bewerbungsmappe Ihre Unterlagen zu faxen oder per E-Mail zu senden.

## 2.1.8  Personalfragebogen

Einige Firmen versenden nach Eingang der Unterlagen einen Personalfragebogen an die Bewerber, da so zum einen von allen Bewerbern einheitliche und damit vergleichbare Informationen vorliegen und zum anderen eventuell fehlende Informationen abgedeckt werden.

Es gibt zwar keine einheitlichen Standard-Fragebögen, meist werden jedoch zu den folgenden Bereichen Angaben verlangt:

* Angaben zu Ihrer Person und Familie,
* Gesundheitszustand/Schwerbehinderung,
* Schul- und Berufsausbildung,
* Wehr- oder Zivildienst,
* Beruflicher Werdegang,
* Zusatzqualifikationen,
* Frühester Eintrittstermin,
* Bisheriges Einkommen und Gehaltsvorstellung.

> **Achtung** Füllen Sie den Fragebogen sorgfältig aus und achten Sie vor allem darauf, dass sich Ihre Angaben im Fragebogen und in Ihren Bewerbungsunterlagen nicht unterscheiden. Beantworten sie alle Fragen wahrheitsgemäß, denn falsche Angaben könnten zu einer Anfechtung Ihres Arbeitsvertrags führen.

Wie im Vorstellungsgespräch brauchen Sie auch hier Fragen, die Ihre Privatsphäre berühren, nicht zu beantworten. Dazu gehören:

* Frühere Krankheiten,
* Schwangerschaft und Familienplanung,
* Vorstrafen ohne Bezug zur Berufstätigkeit,
* Religions-, Partei-, Gewerkschaftszugehörigkeit,
* Vermögensverhältnisse, außer bei leitenden Angestellten oder bei besonderer Vertrauensstellung.

Lassen Sie sich mit dem Ausfüllen nicht zu lange Zeit und machen Sie eine Kopie, bevor
Sie den Fragebogen an das Unternehmen zurückschicken.

## 2.2   Internetbewerbung

Mit dem Siegeszug des Internets hat sich inzwischen die Online-Bewerbung als gleichwertige Alternative zur klassischen Bewerbung etabliert. Stellenangebote finden Sie im Netz heutzutage für nahezu alle Branchen und Qualifikationen. Meist werden Sie in der Stellenausschreibung schon einen Hinweis finden, ob eine Bewerbung per E-Mail oder eine klassische Bewerbungsmappe erwünscht ist. Halten Sie sich daran, denn manchmal möchten selbst Firmen, die online suchen, keine elektronische Bewerbung erhalten. Wenn Sie bezüglich der gewünschten Form unsicher sind, fragen Sie telefonisch oder per E-Mail im Unternehmen nach.

Die Vorteile sind klar: Die Online-Bewerbung ist für alle Beteiligten schneller und kostengünstiger und der Bewerber zeigt automatisch, dass er mit der diesbezüglichen Technik keine Schwierigkeiten hat. Für die strategische Planung Ihres Vorgehens und die klare Festlegung Ihrer Berufs- und Bewerbungsziele gelten die gleichen Hinweise wie bei der klassischen Variante.

▶  **Achtung** Bedenken Sie jedoch, dass Sie bei der Abfassung der Bewerbung per E-Mail genauso sorgfältig vorgehen müssen wie bei einer klassischen Bewerbung. Leider verführt die Schnelligkeit und scheinbar weniger formelle Umgebung des Netzes Bewerber immer wieder zu Flüchtigkeitsfehlern und flapsig formulierten Anschreiben. Ein todsicheres K.-o.-Kriterium!

Das Internet eignet sich übrigens außer zur Abfassung der multimedialen Bewerbung auch hervorragend zur Recherche offener Stellen.

### 2.2.1   Jobbörsen und Job-Suchmaschinen

Jobbörsen bieten zahlreiche Vorteile: Sie sind in den allermeisten Fällen tagesaktuell, manche Angebote werden sogar mehrmals am Tag aktualisiert; die Kosten für die Unternehmen sind im Vergleich zu überregionalen Zeitungen geringer und Bewerber, die auf Anzeigen im Internet reagieren, sind dieser Technik gegenüber zumindest aufgeschlossen und beherrschen die entsprechenden Grundkenntnisse.

Für Sie als Bewerber ist eine Online-Recherche komfortabel, schnell und effektiv. Zudem erhalten Sie oft auch die Möglichkeit, ein Stellengesuch aufzugeben.

**Etablierte Jobbörsen**
• www.absolventa.de
• www.akademiker-online.de

- www.academics.de
- www.alma-mater.de
- www.berufsstart.de
- www.deutscher-stellenmark.de
- www.jobpilot.de
- www.jobscout24.de
- www.karriere.de
- www.monster.de
- www.staufenbiel.de
- www.stellen-online.de
- www.stellenmarkt.de
- www.stepstone.de

Speziell für Ingenieure:

- www.ingenieurkarriere.de
- www.ingenieur24.de
- www.ingenieurweb.de

Speziell für Wirtschaftswissenschaftler:

- www.jobeinstieg.de/wirtschaftswissenschaften
- www.jobwiwi.de

> **Tipp** Private Stellengesuche sind – von branchenspezifischen Job-
> börsen abgesehen – für die Bewerber kostenlos. Nur die inserierenden
> Firmen müssen für die Veröffentlichung der Stellen bezahlen.

Unter www.stellenboersen.de finden Sie einen Überblick über das breite Angebot
von Jobbörsen im Internet.

Job-Suchmaschinen suchen im Angebot von mehreren Jobbörsen gleichzeitig nach
der für Sie passenden Stelle.

**Wichtige Suchmaschinen**
- www.jobworld.de
- www.jobrobot.de
- www.jobturbo.de
- www.jobsafari.de

## 2.2.2  Bewertung von Jobbörsen

Es gibt jedoch große Unterschiede hinsichtlich Umfang des Angebots und der Aktualität zwischen den einzelnen Anbietern. Auf die folgenden Kriterien sollten Sie achten:

**Ausrichtung** Je allgemeiner die Jobbörse strukturiert ist, desto größer muss der gesamte Datenbestand sein, damit in der Auswahl auch ein passendes Angebot für Sie dabei sein wird. Je branchenspezifischer oder regionaler die Jobbörse aufgebaut ist, desto kleiner kann der Datenbestand sein und trotzdem noch ein für Sie interessantes Angebot enthalten.

**Suchfunktion** Achten Sie auf eine komfortable Suchfunktion, damit Sie nicht Hunderte für Sie irrelevante Angebote durchblättern müssen oder sogar interessante Anzeigen übersehen. Als Minimum sollten Ihnen die Auswahl von Region, Branche oder ein Tätigkeitsfeld sowie eine Volltextsuche, mit der Sie alle Offerten nach den für Sie relevanten Wörtern durchsuchen können, zur Verfügung stehen.

**Informationstiefe** Wie umfassend sind die angebotenen Informationen? Selbstverständlich sollten sein:

• Detaillierte Beschreibung der Stelle des Unternehmens,
• Angaben zum Tätigkeitsort,
• Anforderungen an den Bewerber,
• Einstellungstermin,
• Gehalt,
• Kontaktadresse.

**Aktualität** Je aktueller, desto besser! Manche Jobbörsen werden sogar mehrmals täglich aktualisiert. Doch nicht alle Jobbörsen werden tatsächlich gut gepflegt. Akzeptabel ist dies nur, wenn bei einer gleichzeitigen Veröffentlichung in Zeitschriften oder Zeitungen gewartet wird, bis das jeweilige Printmedium erschienen ist.

**Personalisierung** Ein guter Service ist es, wenn Sie die jeweilige Jobbörse an Ihre persönlichen Bedürfnisse anpassen können, also zum Beispiel Ihre Suche mit den entsprechenden Suchkriterien abspeichern können. Die meisten Jobbörsen verschicken auch E-Mails mit den aktuellen Ergebnissen Ihrer Suche.

**Tipps und Informationen** Viele Jobbörsen stellen Informationen rund um die Bewerbung und zu Vorstellungsgesprächen, Gehaltsrechner etc. zur Verfügung. Auch Chats oder Foren, in denen Sie sich mit Gleichgesinnten austauschen können, gehören oft zum Angebot.

**Checkliste**
**Qualitätskriterien**
- Großes Angebot
- Aktualität
- Diverse Suchkriterien
- E-Mail-Information über passende Angebote
- Zusätzliche Informationen
- Übersichtlichkeit, klarer Menü-Aufbau

## 2.2.3  Die Online-Bewerbung

Bei vielen Stellenangeboten im Internet, aber auch immer häufiger bei herkömmlichen Printanzeigen werden Sie aufgefordert, sich online zu bewerben. Oft treffen die Unternehmen anhand dieser Information jedoch nur eine grobe Vorauswahl. Ist Ihre Bewerbung von Interesse, müssen Sie durchaus mit der Aufforderung rechnen, Ihre (klassische) Bewerbungsmappe nachzureichen. Bereiten Sie also unbedingt auch Ihre schriftlichen Unterlagen vor, damit Sie im Fall des Falles nicht in die Bredouille geraten!

**Was Sie im Vorfeld erledigen sollten** Informieren Sie sich zuerst über die Aktualität der Offerte. Ist die Anzeige schon einige Tage alt, rufen Sie im Unternehmen an und erkundigen sich, ob die Stelle noch frei ist. Mit diesem Telefonat können Sie auch den Namen des richtigen Ansprechpartners erfahren.

Zur passgenauen Gestaltung Ihrer Bewerbung müssen Sie nun möglichst viele Informationen über das Unternehmen bzw. die betreffende Stelle recherchieren. Die erste Anlaufstelle ist die Webseite des Unternehmens (leicht zu finden über Suchmaschinen oder Web-Kataloge). Es gibt auch verschiedene Firmen- und Brachenverzeichnisse, in denen Sie nach Unternehmens-Webseiten suchen können.

- www.allesklar.de
- www.europages.de
- www.seibt.de
- www.wlw.de

Auf der Firmen-Webseite finden Sie oft zahlreiche Informationen, wie etwa zur Produkt oder Dienstleistungspalette, zur Anzahl der Mitarbeiter, zur Firmenstruktur oder zur Firmengeschichte. Der Auftritt im Netz erlaubt Ihnen auch Rückschlüsse auf die Corporate Identity des Unternehmens. Zeigen Sie, dass Sie sich mit dem Unternehmen beschäftigt haben, indem Sie Ihre Bewerbung auf den Stil der Firma abstimmen.

Nur einen Klick entfernt befinden sich im Internet oft die Homepages der Konkurrenz. Ein Besuch lohnt sich. Auch Marktstudien, Wirtschaftsnachrichten etc. sind im Netz mit relativ geringem Aufwand zu finden. All diese Angaben liefern Ihnen wertvolle Hinweise für Ihre Bewerbung und auch das Vorstellungsgespräch.

## 2.2.4 Bewerbungsvarianten

Für Ihre Online-Bewerbung kommen folgende Möglichkeiten in Betracht:

- Bewerbungsformular,
- Kurzbewerbung per E-Mail,
- Komplette E-Mail-Bewerbung,
- Bewerbungs-Webseite,
- Bewerbungs-CD.

**Bewerbungsformular** Hat das Unternehmen schon ein Bewerbungsformular zur Verfügung gestellt, müssen Sie es nur noch ausfüllen und per Mausklick versenden. Wenn die Bewerberverwaltung komplett elektronisch vonstatten geht, ist dieses Formular sogar die Voraussetzung dafür, dass Ihre Bewerbung überhaupt akzeptiert wird.

Vorteil für die Unternehmen: Kein Sachbearbeiter muss mehr die notwendigen Daten in das Programm eintippen, das erledigen die Bewerber selbst. Und alle Bewerbungen liegen in vergleichbarer, weil identischer Form vor.

Doch Vorsicht: Aufgrund der starren Schemata können Sie hier kaum Ihre persönlichen Qualifikationen hervorheben. Zum Trost sei gesagt, dass anhand dieser Formulare nur eine Vorauswahl vorgenommen wird. Passen Sie also ins grobe Raster, werden Sie aufgefordert werden, Ihre ausführlichen Unterlagen per E-Mail oder auf dem Postweg nachzureichen.

> ➤ **Achtung** Es ist immer hilfreich, wenn Sie sich das Formular vor dem Ausfüllen herunterladen und/oder ausdrucken. Dann könnten Sie in Ruhe Ihre Antworten formulieren und sie später in das Formular über-

tragen. Außerdem erhalten Sie so eine Kopie, damit Sie auch später noch wissen, was Sie angegeben haben.

Häufig kommt es vor, dass der Platz im Formular für Ihre Angaben aus dem Lebenslauf nicht ausreicht. Dann versuchen Sie, die Felder so korrekt wie möglich auszufüllen und verwenden eventuell vorhandene Freitextfelder für Erklärungen. Sofern auch das überhaupt nicht klappt, bewerben Sie sich per E-Mail oder schicken Ihre Unterlagen mit der Post. Erklären Sie, dass Sie das Online-Formular verwenden wollten, Ihre Angaben darin aber nicht unterbringen konnten.

**Kurzbewerbung per E-Mail** Sie ist dem Bewerbungsformular, wenn möglich, vorzuziehen, da Ihnen die individuelle Gestaltung vielfältige Möglichkeiten eröffnet. Die Kurzbewerbung beinhaltet das Anschreiben und den Lebenslauf.

Beachten Sie dabei die folgenden Punkte:

Auf Adressen wie info@beispielfirma.de, webmaster@beispielfirma.de oder mailservice@beispielfirma.de sollten Sie sich grundsätzlich nicht bewerben. Um den richtigen Ansprechpartner zu ermitteln, können Sie im Unternehmen anrufen oder eine kurze E-Mail an die Ihnen bekannte Adresse schicken (s. Abb. 2.6).

Verfassen Sie das Anschreiben direkt im E-Mail-Textfeld. Verweisen Sie darin auf eventuelle Anhänge (also Lebenslauf, bei der kompletten Bewerbung auch Zeugnisse etc.). Speichern Sie Anhänge unter eindeutigen Dateibezeichnungen ab, am besten mit Ihrem Namen. Beispiel: M_Musterfrau_Lebenslauf.doc

Erforderlich ist eine aussagekräftige Betreffzeile, damit die Bewerbung der entsprechenden Stelle zugeordnet und weitergeleitet werden kann. Die Betreffzeile ist auch deswegen so wichtig, weil E-Mails leicht durch einen Klick ungelesen im Papierkorb landen. Schreiben Sie genau, worauf Sie sich bewerben, und geben Sie auch etwaige Kennzahlen oder interne Nummern an. Schicken Sie eine elektronische Bewerbung immer an eine Person, nur im Notfall an eine Abteilung, dann fügen Sie aber am besten den Namen Ihres Ansprechpartners an. Beispiel: An Max Mustermeier: Bewerbung als…, Kennziffer xyz.

Wählen Sie eine Standardschrift (zum Beispiel Arial, Courier oder Times New Roman). Eine dem Empfänger-PC unbekannte Schriftart wird in eine vorhandene umgewandelt, und das kann zu einer unschönen Verschiebung des Layouts führen. Wenn Sie Text von einem anderen Programm in die E-Mail kopieren, kann auch das diesen Effekt hervorrufen.

> ► **Tipp**  Schicken Sie die E-Mail vorab an sich selbst, dann können Sie sehen, wie sie auf dem Bildschirm dargestellt wird.

**Beispiel E-Mail-Anfrage**

**An**: info@beispielfirma.de
**Betreff**: Anfrage Bewerbung
**Text**: Guten Tag! Bitte teilen Sie mir Namen und E-Mail-Adresse der Leiterin/des Leiters
Ihrer Personalabteilung (der Leiterin/des Leiters der Fachabteilung xy ...) mit.
Vielen Dank bereits im Voraus.
Mit freundlichen Grüßen
(Unterschrift)

**Abb. 2.6** Beispiel E-Mail-Anfrage

Verzichten Sie generell auf die Formatierung (zum Beispiel Schriftfarbe) Ihrer Mail, da diese Formatierungen nicht von allen Mailprogrammen gelesen werden können. Schließlich möchten Sie nicht, dass beim Empfänger nur Datensalat ankommt.

> **Achtung** Lassen Sie sich nicht zu Rechtschreib- und Flüchtigkeitsfehlern und einem zu saloppen Stil verführen. Auch Abkürzungen, HTML-Codes oder Smileys und Ähnliches sind tabu!

Auf dem Bildschirm werden Tippfehler leicht übersehen. Drucken Sie das Anschreiben vor dem Versand aus und überprüfen Sie es auf Fehler, lassen Sie es am besten von jemandem gegenlesen.

Schließen Sie mit Ihrem vollständigen Namen inklusive Adresse und Telefonnummer, am besten mit einer sogenannten Signatur (s. Abb. 2.7): Dafür setzen Sie die betreffenden Daten – etwa mit Sternchen von der restlichen E-Mail getrennt – an das Ende Ihres Textes. Die Signatur lässt sich auch in Ihrem E-Mail-Programm abspeichern und dann bei Bedarf einfügen

Verwenden Sie eine seriöse Mailadresse, private Scherz-Adressen (langerlulatsch@domain.de) oder Spitznamen (schnuckelchen@domain.de) sind bei einer Bewerbung absolut tabu. Kostenfreie E-Mail-Postfächer erhalten Sie übrigens bei sogenannten FreemailAnbietern (zum Beispiel gmx.de, yahoo.de oder web.de).

Verwenden Sie die gleiche Sorgfalt wie für eine konventionelle Bewerbung, was die individuelle Ausrichtung am Unternehmen angeht. Wenn sich erkennen lässt, dass Sie eine Serien-E-Mail verschickt haben, werden Sie höchstwahrscheinlich eine Absage erhalten.

Bieten Sie an, die vollständigen Unterlagen schriftlich nachzureichen.

**Muster E-Mail-Signatur**

\*\*\*\*\*\*\*\*\*\*\*\*\*\*\*\*\*\*\*\*\*\*\*\*\*\*\*\*\*\*\*\*\*\*

Max Mustermann
Musterstraße 12
34567 Musterstadt
Tel. (0 00) 12 34 56 78
E-Mail: max.mustermann@domain.de
\*\*\*\*\*\*\*\*\*\*\*\*\*\*\*\*\*\*\*\*\*\*\*\*\*\*\*\*\*\*\*\*\*\*

**Abb. 2.7**  Muster E-Mail-Signatur

Überprüfen Sie regelmäßig Ihr E-Mail-Postfach und reagieren Sie zügig auf eine Antwortmail oder einen Anruf auf Ihrem Anrufbeantworter.

**Komplette E-Mail-Bewerbung**  Wenn Sie Ihre gesamte Bewerbung per E-Mail verschicken, gelten die gleichen Kriterien wie für die Kurzbewerbung per E-Mail, nur dass Sie eben neben dem Anschreiben noch Ihre Unterlagen einscannen und mitschicken müssen.

• Achten Sie bei mitgeschickten Dateien (etwa eingescannten Zeugnissen) auf gängige Formate, damit der Adressat die Unterlagen problemlos lesen kann. Für Textdateien empfehlen sich.doc-Dateien, für eingescannte Dokumente das pdf-Format, für Bilder.jpg-Dateien. Am besten fragen Sie vorher beim Empfänger nach, ob und in welchem Format Sie Dateien mitschicken können, damit Ihre Bewerbung nicht, etwa aus Angst vor Viren, gleich ungeöffnet im Papierkorb landet.
• Die Dateianhänge sollten nicht zu groß sein, damit eine überlange Ladezeit den Adressaten nicht zum Abbruch verführt. Komprimierte Dateien können problematisch sein, weil der Empfänger das entsprechende Programm zum Entpacken benötigt.
• Prüfen Sie Ihre Dateianhänge vor dem Versand mit einem aktuellen (!) Virenscanner.
• Optimieren Sie Ihr eingescanntes Foto mit einem Bildbearbeitungsprogramm, etwa wenn Ihre Vorlage zu groß ist. Verringern Sie die Auflösung und die Anzahl der Farben und komprimieren Sie das Foto. Experimentieren Sie mit Probeausdrucken, bis Sie die optimale Bildqualität erreicht haben. Wenn Ihnen die nötige Erfahrung für diese Prozedur fehlt, können Sie auch bei Ihrem Fotografen oder einem Copyshop nachfragen, ob diese Dienstleistung angeboten wird.

**Bewerbungs-Webseite**  Über Ihren Provider, Ihren Onlinedienst oder über zahlreiche Anbieter von kostenlosem Web-Space können Sie auch Ihre eigene Bewerbungs-Webseite ins Netz stellen und in Ihrem Anschreiben der Kurzbewerbung darauf verweisen. Denken Sie in jedem Fall daran, Ihre Bewerbungs-Webseite von einer eventuell vorhandenen privaten Homepage zu trennen.

Bei der Gestaltung sollten Sie nach den Kriterien Professionalität und Seriösität vorgehen. Auf Ihrer Homepage sollten die folgenden Fragen beantwortet werden:

- Name des Bewerbers,
- Wohnort,
- Ausbildung/Beruf,
- Besondere Qualifikationen/Fähigkeiten,
- Angestrebte Stellung,
- Kontaktdaten (Telefon/E-Mail)

Verschrecken Sie potenzielle neue Arbeitgeber nicht durch grelle Effekte, unruhiges Design und vielfältigen Schnickschnack, der eventuell zu einer überlangen Ladezeit führt. Für Ihren Lebenslauf, Zeugnisse etc. können Sie spezielle Links anlegen.

Eine gewisse Vertraulichkeit können Sie im Internet mittels Passwortschutz Ihrer Webseite gewährleisten. Die Zugangsdaten geben Sie dann in Ihrer Bewerbung an, sie sollten allerdings nicht zu kompliziert sein.

> **Tipp**  Sie können bei den Zugangsdaten zum Beispiel als Passwort den Firmennamen des Unternehmens angeben, bei dem Sie sich gerade bewerben.

Grundsätzlich stellt sich jedoch die Frage, wie sinnvoll die eigene Bewerbungs-Webseite wirklich ist. Wird sich Ihr Adressat im Unternehmen die Mühe machen, sie extra anzusteuern, wenn ihm genügend andere gleichwertige Bewerbungen sozusagen „mundgerecht" in der gewünschten Form, entweder als E-Mail-Anhang oder klassische Bewerbungsmappe, vorliegen?

**Bewerbungs-CD**  Ein Vorteil der Bewerbungs-CD: Sie haben genügend Platz, all Ihre Vorzüge in jeder erdenklichen Form zu schildern. Dennoch sollten Sie sich auch hier in die Situation eines Personalchefs oder Ihres Ansprechpartners in der entsprechenden Fachabteilung hineinversetzen: Bitte bedenken Sie, dass in vielen Firmen Hunderte von Bewerbungen auf bestimmte Stellen eingehen. Für wie realistisch halten Sie es, dass Der- oder Diejenige Lust oder Zeit hat, sich mit Ihrer

Bewerbungs-CD zu beschäftigen? Denn eine CD einzulegen bedeutet nicht nur unnötige Arbeit, sondern ist auch unpraktisch für das weitere Prozedere (Vergleich der Unterlagen, Bewerberverwaltung etc.). Und selbst wenn man sich Ihre Unterlagen ausdruckt, schneiden sie in Konkurrenz zu den kompletten und ansprechenden Bewerbungsmappen Ihrer Mitbewerber schlecht ab.

Sie sollten eine Bewerbungs-CD also nur nutzen, wenn Sie wirklich etwas Besonderes zu bieten haben, das den Aufwand rechtfertigt, etwa eine Arbeitsprobe.

Und selbst dann sollten Sie vorher in dem Unternehmen anrufen, ob CDs erwünscht sind (oft wird die Installation einer Extra-Software auch aus Sicherheitsgründen abgelehnt).

# Was Sie aus diesem Essential mitnehmen können

- Hilfestellungen und Denkanstöße für ein erfolgreiches Selbstmarketing
- Wie Sie Ihre beruflichen Stärken und Schwächen analysieren und im Bewerbungsprozess einsetzen
- Tipps und Tricks für eine erfolgreiche Bewerbung
- Vorschläge zu Aufbau und Gestaltung der Bewerbungsunterlagen
- Wichtige Informationen zu rechtlichen Fragen

© Springer Fachmedien Wiesbaden 2015
D. Reulein, *Selbstmarketing für Bewerber,* essentials,
DOI 10.1007/978-3-658-07388-6

# Zum Weiterlesen

Faber, M., Siems, S., Riedel, H., Pohl, E. (2014). *Berufseinstieg und Probezeit aktiv gestalten.* Wiesbaden: Springer Gabler.

Fiehöfer, B., & Pohl, E. (2014). *Berufseinstieg für Ingenieure.* Wiesbaden: Springer Gabler.

Reulein, D., Pohl, E. (2014). *Die überzeugende Bewerbung – Wie Sie sich erfolgreich selbst vermarkten.* Wiesbaden: Springer Gabler.

Riedel, H., & Pohl, E. (2014): *Berufseinstieg für Wirtschaftswissenschaftler.* Wiesbaden: Springer Gabler.

Schön, W. (2014). *Erfolgsfaktor Eigenpositionierung.* Wiesbaden: Springer Gabler.

Woischwill, B., große Klönne, L., & Rippler, S. (Hrsg.) (2013). *Trainee-Knigge.* Wiesbaden: Springer Gabler.

© Springer Fachmedien Wiesbaden 2015
D. Reulein, *Selbstmarketing für Bewerber,* essentials,
DOI 10.1007/978-3-658-07388-6